KB274089

꿩 먹고 알 먹는 독일어 첫걸음

박 진 권 지음

1945 MYM 문예림

저자: 박 진권

저서: 영어대조 독일어회화
　　　독일어 무역통신문

공저: 대학생을 위한 활용독일어 I
　　　대학생을 위한 활용독일어 II

꿩 먹고 알 먹는 독일어 첫걸음

초판 5쇄 인쇄 2011년 4월 10일
초판 5쇄 발행 2011년 4월 15일
저자 박진권 / 발행인 서덕일 / 발행처 도서출판 문예림
출판등록 1962년 7월 12일 제 2-110호
주소 : 서울 광진구 군자동 1-13호 문예하우스 101호
전화 : 02-499-1281~2 / 팩스 : 02-499-1283
http://www.bookmoon.co.kr / E-mail:book1281@hanmail.net

• 잘못된 책은 구입하신 서점에서 교환하여 드립니다.
• 인지는 저자와 협의에 의해 생략합니다

ISBN 978-89-7482-573-7 (13750)

머리말

『꿩먹고 알먹는 독일어 첫걸음』은 독일어와 한글을 비교하면서 기초적 인 표현들을 익히도록 한 안내서이다. 이 책은 텍스트, 단 어, 문법, 표현 익히기 및 연습문제로 구성되어 있다.

기본적인 독일어 지식습득과 효과적인 문형을 제시하여 학습자가 문장구조, 단어, 문법, 실용적 표현 등을 익힐 수 있게 하였다. 텍스트에 있는 내용은 기초학습에 필요한 표현이며 단어를 정리하여 놓았기 때문에 천천히 그리고 쉽게 독일어를 접하고 연습하도록 표현에 치중하여 내용을 제공하였다. 또한 학습자가 기본적인 문법을 간략히 그리고 쉽게 연습하도록 구성하였다. 표현 익히기 편을 통해 본문에 나온 내용과 문법사항에 제시한 내용들을 충분히 공부하도록 편성되었고 이에 따른 연습문제를 넣어 매 과에서 다루어야할 핵심적인 문제를 해결할 수 있게 연습문제 편을 마지막에 넣었다.

무엇보다 이 책을 펼치면 독일어 밑에 있는 한글로 발음 표기를 해 놓은 것이 눈에 띈다. 학습자가 독일어를 처음 접하기 때문에 발음을 따라 하도록 유도하는 효과를 내기 위해 독일어 발음을 한글 표기화하였다. 그러나 우리말 표기가 독일어의 정확한 발음에 해당하지 않는 경우가 있는 게 사실이다. 그렇기 때문에 이 책의 시작부분은 발음 부분부터 공부하도록 하였으니, 한글로 적어놓은 발음이 그나마 도움이 될 것으로 본다. 본문에 제시된 문장들뿐만 아니라 각과 3단계(Einheit 3)의 표현 따라하기에 나오는 문장들도 반복해서 읽고, 독일인의 말을 따라해보고 쓰고 연습을 반복하여 학습에 도움이 되길 바란다.

2006년 2월 박진권

Inhaltverzeichnis

독일어 알파벳과 발음

1. 독일어 알파벳

대문자	소문자	발 음	한 글 음
A	a	[a:]	아 -
B	b	[be:]	베 -
C	c	[tse:]	체 -
D	d	[de:]	데 -
E	e	[e:]	에 -
F	f	[ɛf]	애프
G	g	[ge:]	게 -
H	h	[ha:]	하 -
I	i	[i:]	이 -
J	j	[jɔt]	욜
K	k	[ka:]	카 -
L	l	[ɛl]	앨
M	m	[ɛm]	앰
N	n	[ɛn]	앤

대문자	소문자	발 음	한 글 음
O	o	[o:]	오 -
P	p	[pe:]	페 -
Q	q	[ku:]	쿠 -
R	r	[ɛr]	애르
S	s	[ɛs]	애스
T	t	[te:]	테 -
U	u	[u:]	우 -
V	v	[faʊ]	파우
W	w	[ve:]	베 -
X	x	[Iks]	익스
Y	y	[Ypsilɔn]	윕실론
Z	z	[tsɛt]	챁
	ß	[ɛs-tsɛt]	애스 챁
Ä	ä	[a:umlaut]	아 - 움라우트
Ö	ö	[o:umlaut]	오 - 움라우트
Ü	ü	[u:umlaut]	우 - 움라우트

 독일어의 발음은 글자 그대로 읽는 경우가 많으나 마찰음과 파찰음의 발음, 단모음과 장모음 그리고 입술을 여는 정도에 대해서도 잘 알아두어야 독일어 표현에 정확성을 기할 수 있다. 또한 우리말로는 모음이 둘인데 독일어로는 모음이 한개인 경우도 많기 때문에(예: Radio *라 – 디오/⟨io⟩*는 *여기서 하나의 모음이다*) 다음을 참고하여 발음을 잘 익혀두도록 한다.

[1] 모 음

1 단순모음

a		e			i		o		u	
[a:]	[a]	[e:]	[ɛ]	[ə]	[i:]	[ɪ]	[o:]	[ɔ]	[u:]	[ʊ]
Tag	*danke*	*er*	*England*	*haben*	*wir*	*ist*	Rom	*kommen*	*gut*	*und*
타 – ㄱ	당캐	에 – 어	앵글란트	하 – 밴	비 – 어	이스트	로 – ㅁ	콤맨	구 – ㅌ	운트
Zahl	*hallo*	*geht*	*denn*	*Mantel*	*ihr*	*bitte*	Zoo	*Moskau*	*Schuh*	*null*
차 – ㄹ	할로	게 – 트	댄	만탤	이 – 어	빗태	초 –	모스카우	슈 –	눌
Staat	*ganz*	*Tee*	*setzen*	*Name*	*sie*	*ich*	*ohne*	*Osten*	*Blume*	*Mutter*
슈타 – 트	간츠	테 –	잴챈	나 – 매	지 –	이히	오 – 내	오스탠	브루 – 매	뭇터

주의 1 ☞ 모음 e의 경우 도표에서 처럼 장모음은 [e:] 이고 단모음은 [ɛ]로 표시한다. 단어 끝에 오는 발음 *[ə]는 아주 짧게* 한다:
　　　　gehen *게 – 언*, haben *하 – 밴*, Mantel *만탤*, Name *나 – 매/나 – 머*

주의 2 ☞ 모음 다음에 자음이 겹쳐 나오면 모음은 짧게 발음된다. 그러나 ⟨모음＋h⟩의 경우 장모음이 된다: Jahr *야 –*, zahlen *차 – ㄹ랜*, Zahlung *차 – ㄹ룽*
　　　　gehen의 경우도 h는 묵음이 되어 길게 발음된다. 이 때 [h]발음이 안 된다.

⟨모음＋h⟩

ah	äh	eh	ih	oh	öh	uh	üh
[a:]	[ɛ:]	[e:]	[ɪ:]	[o:]	[o:]	[u:]	[y:]
Bahn	Hähne	gehen	ihm	Kohl		Uhr	Bühne
바 – ㄴ	해 – 내	게 – 언	이 – ㅁ	코 – ㄹ	Söhne	우 – 어	뷔 – 내
Jahre	Zähne	zehn	ihr	Ohr	죄 – 내	Ruhe	kühl
야 – 래	채 – 내	체 – ㄴ	이 – 어	오 – 어		루 – 어	퀴 – ㄹ

2 이중모음

ä		ö		ü		y	
[ε:]	[ε]	[ø:]	[œ]	[y:]	[ʏ]	[y:]	[ʏ]
Däne 대 - 내	Städte 슈탯태	*Öl* 외 - ㄹ	*Köln* 쾰른	Süd 쥐 - 트	*Mülle* 뮐러	Syrien 쥐 - 리앤	Ägypten 애귑탠
zählen 챌 - 랜	Mädchen 매챈	schön 쇠 - ㄴ	öffnen 왜프낸	für 퓌 - 어	*dünn* 뒨		*Ypsilon* 윕실론
spät 슈패 - 트			können 쾬낸				

au	eu	äu	ai	ay	ei	ey
[aʊ]		[ɔy]			[aɪ]	
aus 아우스						
Auto 아우토	Europa 오이로파	*Bäume* 보이매	*Mai* 마이	*Bayern* 바이어른	*nein* 나인	*Ceylon* 차일론
Bau 바우	heute 호이태	Häuser 호이저		Haydn 하이든	Rhein 라인	
laut 라우트						

주의 1 ☞ 이중모음, 흔히 겹모음의 발음[aʊ], [ɔy] 및 [aɪ]는 두 음절이 아니라 한 음절이다.

주의 2 ☞ 이중모음 중 eu는 도표의 [ɔy] 이외에 [e:u]와 [ø:] 발음이 있다:
  [ɔy] Amadeus 아마데 - 우스 [e:u] Museum 무 - 제움
  [ø:] Friseur 프리죄 - 어, Ingenieur 인제뇌 - 어

〈모음겹침〉도 아래와 같이 역시 한 음절이다:

-ie		-io	oe	ou	
[i:]	[iə]	[io]	[ø:]	[au]	[u]
Batterie 바태리 -	*Belgien* 밸기언				*Tourist* 투리스트
Liebe 리 - 배	*Italien* 이탈리언	Radio 라 - 디오	Goethe 괴 - 태	Couch 카우치	*Rouge* 루 - 즈
Theorie 테오리 -	*Familie* 파미 - ㄹ리어				

이러한 모음들은 익혀두도록 하고 사전을 찾을 때 발음 기호에 주의하는 습관을 들이도록 한다.

[2] 자음

여기서는 자음을 파열음([b][p] [d][t] [g][k]), 마찰음([v][f] [s][z] [ʒ][ʃ] [j][ç][x][h], 파찰음[pf][ts][tʃ][dʒ], 비음 및 유음[m][n][l][r][ŋ]으로 자음을 구별하지 않고 아래의 순서로 구분하였다.

① 단순자음

f	h	j	k	l	m	n	w	x	z
[f]	[h]	[j]	[k]	[l]	[m]	[n]	[w]	[ks]	[ts]
Film 필름	**h**aben 하-밴			lang 랑	**Morgen** 모르갠	**Name** 나-매	**Wagen** 바-갠	T**a**xi 탁시-	**zahlen** 차-ㄹ랜
Foto 포-토	**Haus** 하우스	**Jahr** 야-(ㄹ)	**Kamera** 카-메라	**Land** 란트	**Mutter** 무터	**n**ehmen 네-맨	**wir** 비-어	**Text** 택스트	**Zeit** 차이트
Freund 프로인트	**Hof** 호-프	**Japan** 야-판	**Kaffee** 카페-	**Ball** 발	**kommen** 콤맨	**modern** 모대른	**wohnen** 보-낸	M**a**ximum 막시뭄	**Zimmer** 침머
Affe 아패	**h**offen 호팬	**Joghurt** 요-구르트	**Korea** 코레-아	**Hallo** 할로	**dumm** 둠	**rennen** 랜낸			**Mozart** 모-차르트

주의 1 ☞ j의 발음은 [jɔt/욭]로서 [j]는 [요-]구르트, [야-]판 같이 우리말 〈이응〉발음이다.

주의 2 ☞ h 앞에 모음이 있는 경우 묵음이다: [장모음]
froh 프로-, nah 나-, Bahn 바-ㄴ, Hahn 하-ㄴ, Jahr 야-르, Uhr 우-어, ihm 이-ㅁ

② 주의할 자음의 발음

b		c		d		g			
[b]	[p]	[k]	[ts]	[d]	[t]	[g]	[k]	[ç]	[ʒ]
Bonn 본	**gelb** 갤프	**Café** 카페-	**circa** 치르카	**danke** 당캐	**bald** 발트	**gut** 구-ㅌ	**Tag** 타-ㄱ	wen**i g** 베-니히	**Genie** 제니-
Berlin 배얼리-ㄴ	**halb** 할프	**Club** 클룹	**Cäsar** 채자-	**denn** 댄	**Land** 란트	**Geld** 갤트	**sagt** 작-트	bill**i g** 빌리히	**Garage** 가라-재
aber 아-버	**ab**fahren 압파-랜			**oder** 오-더	**und** 운트	**Tage** 타-개		richt**i g** 리히티히	
sieben 지-밴	**Herbst** 해롭스트			**wieder** 비-더	**Rad** 라-트	**liegen** 리-갠			

주의 1 ☞ halb-halbe bald-baldige Tag-Tage billig-billige 같은 경우
왼쪽의 자음이 [p], [t], [k], [ç]이지만 모음이 추가되면 원래의 발음으로 돌아간다.
위의 단순자음〈c〉에서 〈Cello 첼로〉는 예외로서 [tʃ]이다.

r			s		t		v	
[r]	[ʁ]	[ɐ]	[z]	[s]	[t]	[ts]	[v]	[f]
rechts 래히츠	**dort** 도르트	**hier** 히-어	**Sie** 지-	**Haus** 하우스	**Tee** 테-	**Nation** 나치오-ㄴ	**Visum** 비-줌	**Vater** 파-터
rot 로-트	**hart** 하르트	**nur** 누어	**sagen** 자-갠	**Moskau** 모스카우	**Peter** 페-터	**Station** 슈타치오-ㄴ	**privat** 프리바-트	**viel** 피-ㄹ
drei 드라이	**lernen** 래르낸	**Tür** 튀-어	**lesen** 레-잰	**Fuß** 푸-ㅅㅅ	**kommt** 콤트		**Universität** 우니버지태-트	**verstehen** 패어슈테-ㄴ
Reise 라이재		**Uhr** 우-어	**Sofa** 조-파	**Kuss** 쿳스				**intensiv** 인탠지프
Zigarre 치가-래		**wir** 비-어						

주의 1 ☞ ⟨r⟩의 경우 ⟨-er⟩은 [ɐ]발음이다. 절대로 [ʁ]가 아니다.

Butter 붓터, Lehrer 레-러, Mutter 뭇터, Zimmer 침머, hier 히어, der 데어, Bier 비어

주의 2 ☞ 새로운 철자법에 따라 ß는 앞의 모음이 단모음일 때 ss로 쓴다:

Kuß → Kuss Fluß → Fluss ißt → isst daß → dass muß → muss

그러나 장모음 Fuß heißen schließen 등은 장모음 뒤이므로 ⟨ß⟩로 한다.

주의 3 ☞ ⟨v⟩는 마찰음이다. 웃니를 아랫 잎술 위에 대고 밖으로 밀어내듯이 발음한다.

ch				ck	ds	dt
[ç]	[x]	[ʃ]	[k]	[k]	[ts]	[t]
ich 이히	**Bach** 바흐	**Chef** 셰프	**Charakter** 카락터	**dick** 딕	**abends** 아-밴츠	**Humboldt** 훔볼트
rechts 래히츠	**Buch** 부-흐	**Chance** 샹새	**Chaos** 카오-스	**Scheck** 섁	**Landsmann** 란츠만	**Stadt** 슈타트
Bücher 뷔-혀	**auch** 아욱흐		**Fuchs** 푹스	**zurück** 추뤽		
China 히-나	**nach** 나-ㄱ흐		**sechs** 잭스			
München 뮌햔	**acht** 악흐트					

ng	pf	ph	qu	sp	
[ŋ]	[pf]	[f]	[kw]	[ʃp]	[sp]
Ding	**A**pfel	**Alph**abet	be**qu**em	**Sp**anien	Ka**sp**ar
딩	압팰	알파베 - 트	베크베 - ㅁ	슈파 - 니앤	카스파 -
England	**Ko**pf	**Ph**ysik	**Qu**adrat	**Sp**ort	We**sp**e
앵글란트	콥	피직	크바드라 - 트	슈포 - 트	배스페
fa**ng**en	**Pf**ennig	**Ph**iloso**ph**ie	**Qu**alität	**Sp**iel	
팡앤	패니히	필로조피 -	크봘리태 - 트	슈피 - ㄹ	

sch	st		th	ts	tsch	tz
[ʃ]	[ʃt]	[st]	[t]	[ts]	[tʃ]	[ts]
schön	**St**adt	Seme**st**er	**Th**eater	nach**ts**	Deu**tsch**	je**tz**t
쇠 - ㄴ	슈타트	제매스터	테아 - 터	낙흐츠	도이취	얘츠트
Ta**sch**e	**St**udent	Fen**st**er	**Th**ema	nich**ts**	Qua**tsch**	Hei**tz**ung
탓셔	슈투댄트	팬스터	테 - 마	닛히츠	크바취	하이충
Ti**sch**	ver**st**ehen	Po**st**	**Th**omas	Rä**ts**el	**tsch**üs	Pla**tz**
티쉬	페어슈테 - ㄴ	포스트	토 - 마스	래챌	췻스	플랏츠

Guten Morgen

Guten Morgen! 구탠 모르갠	안녕하세요 (아침인사)
Guten Tag! 구탠 타-ㄱ	안녕하세요 (낮인사)
Guten Abend! 구탠 아벤트	안녕하세요 (저녁인사)
Gute Nacht! 구태 나흐트	안녕하세요 (늦은 밤 인사)
Hallo! 할로	안녕! (친한 사이)
Wie geht es Ihnen? 비-게-트 애스 이-낸	어떻게 지내십니까?
Wie geht's? 비-게-츠	어떻게 지내니? (친한 사이)
Auf Wiedersehen! 아우프 비-더제-앤	안녕히 가세요.

Guten Tag! 구탠 타-ㄱ	안녕하세요.
Guten Tag. 구탠 타-ㄱ	안녕하세요.
Wie geht es Ihnen? 비-게-트 애스 이-낸	어떻게 지내십니까?/잘 지내십니까?
Danke, sehr gut. 당캐 제어 구-트	고맙습니다. 아주 잘 지내요.
Und Ihnen? 운트 이-낸	그런데 당신은요?
Auch sehr gut. Danke. 아욱흐 제어 구-트 당캐	저도 아주 잘 지냅니다. 고맙습니다.
Auf Wiedersehen! 아우프 비-더제-언	안녕가세요.
Danke. Gleichfalls! 당캐 글라이히팔스	고맙습니다. 저도 마찬가집니다.

단어 익히기

- **gut**
  구-ㅌ
  좋은

- **der Morgen**
  데어　모르갠
  아침

- **der Tag**
  데어 타-ㄱ
  날, 낮

- **der Abend**
  데어　아-밴트
  저녁

- **die Nacht**
  디　나흐트
  밤

- **hallo**
  할로
  안녕(친한 사이에 쓰는 인사말)

- **wie**
  비-
  어떻게, 얼마나

- **gehen**
  게-언
  가다

- **es**
  애스
  비인칭 주어

- **Ihnen**
  이-낸
  단수 2인칭 친칭 Sie의 3격

- **auf**
  아우프
  (전치사)

- **Wiedersehen**
  비-더제-언
  '다시 보다' wiedersehen의 명사형

- **danke**
  당캐
  (ich) danke (나는) 고맙다

- **und**
  운트
  그리고

- **Ihnen**
  이-낸
  '당신' Sie의 3격

• auch
  아욱흐

또한

• sehr
  제 - 어

몹시, 아주, 매우

• gleichfalls!
  글라이히팔스

마찬가지, 마찬가지로

〈만날 때 인사말이 좀 다른 경우 – 하루 종일 쓰는 인사말〉

※스위스(Schweiz)

Grüezi(mietenand)
  그뤼엣치   (미에테난트)

안녕하세요.

Salü
  살뤼

안녕!(친한 사이의 인사말)

※오스크리아(Österrecih)/남부독일(Süddeutschland)

Grüß Gott!
  그륏스   곹

안녕!/안녕하세요!
(grüßen 인사하다, Gott 신, 하나님)

Servus!
  세르부스

안녕!/안녕하세요!

2 단계

문법 따라잡기 

1. 격(Genus)

(1) 독일어는 영어처럼 명사가 관사를 지니는데, 모든 명사에는 '격'
이라는 것이 있다: 격은 각각 1격, 2격, 3격, 4격으로 부른다.
  * 1격은 주어, 2격은 소유관계, 3격과 4격은 목적어로서 쓰인다.
  * 격에 따라 관사의 형태도 달라진다.

아래는 주어인 1격과 동사의 목적어인 4격을 표시한 것이다.

(2) 통례적인 인사말과 하루의 때는 4격으로 표시한다: 독일어의 명사
    에는 문법의 성이 있다(남성, 여성, 중성) – 특정관사로 성을 구분
    한다.

	남 성	여 성	중 성
1격	der	die	das
4격	den	die	das

der Morgen 아침, der Tag 낮, der Abend 저녁, die Nacht 밤

특정관사가 없이 형용사＋명사형이 오면 *gut   en* Tag처럼 형용사의 어
미가 위 도표의 남성 특정관사 어미와 일치한다. 이처럼 인사말은 4격으
로 쓴다.

(3) 문법을 따지고 인사하면 너무 힘들다. 자, 인사말은 무조건 앞에
    나온 대로 그냥 사용하기로 한다!

Der Mann ist nett.   저 남자는 상냥하다. (1격/주어)
Ich kenne **den** Mann.   나는 그 남자를 안다. (4격/목적어)

Die Frau ist schön.   그 여자는 예쁘다. (1격/주어)
Der Mann liebt **die** Frau.   그 남자가 그 여자를 사랑한다. (4격/목적어)

Das Buch ist interessant.   그 책은 재미있다. (1격/주어)
Ich lese **das** Buch.   나는 그 책을 읽는다. (4격/목적어)

독일어는 명사마다 문법의 성이 있다. 남성명사, 중성명사, 여성명사로
구분되는데, 각 명사는 1격, 2격, 3격 그리고 4격이라는 격으로 세분된다.
위 예문에서 본 것처럼 남성명사를 제외한 여성명사의 1격, 4격과 중성

명사의 1격, 4격은 각기 그 모양이 같다. 동사로 1격(주어)인지 4격(목적어)인지 구분한다.

남 성	여 성	중 성
Arzt 의사	Birne 전구/백열등	Auto 자동차
Bahnhof 역	Brille 안경	Bonbon 사탕
Baum 나무	Blume 꽃	Brot 빵
Berg 산	Butter 버터	Brötchen 작은빵(하드롤)
Bleistift 연필	Fahrkarte 차표	Büro 사무실
Brief 편지	Idee 아이디어	Buch 책
Burg 성(城)	Kamera 카메라	Etui 필통
Bus 버스	Lavalampe 형광등	Fahrrad 자전거
Film 영화	Landkarte 지도	Fenster 창문
Füller 만년필	Lampe 램프	Glas 잔, 컵
Klebestift 풀	Mutter 어머니	Haus 집
Koffer 트렁크	Party 파티	Heft 공책
Kuchen 케이크	Pizza 피자	Hotel 호텔
Kuli 볼펜	Post 우체국	Kaufhaus 백화점
Laden 가게	Reise 여행	Kino 영화관
Lehrer 교사	Schere 가위	Kleid 원피스
Name 이름	Schokolade 초콜렛	Lehrbuch 교재
Ordner 바인더	Schule 학교	Lineal 자
Radiergummi 지우개	Stehlampe 스탠드	Papier 종이
Roboter 로봇	Tafel 칠판	Radio 라디오
Schüler 학생	Tasche 가방	Taxi 택시
Sohn 아들	Tasse 잔	Theater 극장
Stuhl 의자	Tochter 딸	Wörterbuch 사전
Student 대학생	Tür 문	Zimmer 방
Teller 접시	S-Bahn 전철	
Tisch 책상, 테이블	Schwester 언니, 누나, 여동생	
Urlaub 휴가		
Vater 아버지	Station 역	
Wagen 자동차	U-Bahn 지하철	
Zirkel 콤파스	Uhr 시계	
Zug 기차	Zeitung 신문	

2. Wie geht es Ihnen?

Wie geht es Ihnen? - wie는 "어떻게"라는 뜻의 의문대명사로서 영어의 'how'에 해당한다. geht는 gehen "가다"라는 동사가 인칭어미변화를 한 것이다. es는 비인칭주어로서 영어의 'it'에 해당한다. Ihnen은 "당신에게"라는 뜻으로 인칭대명사 2인칭 존칭형 Sie "당신"의 3격이다 (문법 '인칭대명사' 참조): 이 표현은 줄여서 Wie geht's?라고도 한다. 's는 es의 줄임말.

* 인칭대명사

1격	3격
du 너	dir
Sie 당신	Ihnen

단수 2인칭은 도표처럼 2가지인 데, 친한 사이(가족, 친구 등)는 du를 쓰고, 그 외 사람에게는 Sie를 쓴다.

Wie geht es dir?	잘 지냈니?/어떻게 지내?
Wie geht es Ihnen?	잘 지내셨어요?/어떻게 지내십니까?

표현 따라하기

1. 만날 때 인사

안녕하세요.	**Guten Morgen!**
	구탠　　모르갠
	Guten Tag!
	구탠　타-ㄱ

Guten Abend!
구탠　아 - 벤트

Gute Nacht!
구태　나흐트

안녕!　　　　　　　　　　　　　Hallo!
할로

어떻게 지내십니까?　　　　　　Wie geht es Ihnen?
비 - 게 - 트 애스 이 - 낸

잘 지냈어?　　　　　　　　　　Wie geht's?
비 -　게 - 츠

아주 좋습니다. (아주 잘 지내요)　Sehr gut.
제-어　구 - ㅌ

나쁘지는 않아, 너는 어떠니?　　Nicht schlecht. Und dir?
니히트　슐레히트　운트 디어

♠ 단어

* nicht '아닌', '아니다' 라는 뜻. 영어의 not에 해당. schlecht 나쁜
  dir는 du(너)의 3격.

2. 헤어질 때 인사

다시 만나요.　　　　　　　　　Auf Wiedersehen!
(안녕히 가세요)　　　　　　　　아우프　비 - 더제 - 앤

　　　　　　　　　　　　　　　Tschüs! (Tschüß!)
취 - 스

안녕　　　　　　　　　　　　　Ciao!
치아오! (헤어질 때만 쓰는 학생들의 인사)

내일 다시 봐(요).　　　　　　　Bis morgen.
비스　모르갠

곧 만나(요).
(조금 있다 봐)

Bis gleich.
비스 글라이히

나중에 만나(요).
(조금 있다 봐)

Bis später.
비스 슈패-터

좋은 저녁 시간 보내십시오.

Schönen Abend noch!
쇠-낸 아-벤트 녹흐

좋은 하루 되십시오.

Schönen Tag noch!
쇠-낸 타-ㄱ 녹흐

♠ 단어

* bis 전치사로 뜻은 "…까지". morgen은 "내일"(Morgen은 "아침")
  gleich 곧, 금방 später 나중에 schön 아름다운, 좋은 noch 또

3. 인사말 따라하기

- Hallo!
  할로

  안녕.

- Hallo, Thomas!
  할로   토마스

  안녕, 토마스!

- Hallo, Frau Schulz!
  할로   프라우   슐츠

  여보세요, 슐츠 부인!

- Grüß Gott!
  그륏스   곧

  안녕하세요!

- Grüß dich!
  그륏스   딧히

  안녕!

- Guten Morgen!
  구-탠   모르갠

  안녕하십니까? (아침 인사)

- Guten Tag!
  구-탠 타-ㄱ

  안녕하십니까? (낮 인사)

- Guten Abend!
  구-탠 아밴트
  안녕하십니까? (저녁 인사)

- Gute Nacht!
  구-태 낙흐트
  안녕하십니까? (밤중의 인사)

- Gute Nacht, Hans.
  구-태 낙흐트 마마
  잘 있어, 한스야.

- Guten Morgen, Wolfgang!
  구-탠 모르갠 볼프강
  안녕, 볼프강.

- Guten Tag, Herr Paulsen!
  구-탠 타-ㄱ 해어 파울잰
  안녕하세요, 파울젠 씨.

- Guten Abend, Frau Müller!
  구-탠 아밴트 프라우 뮐러
  뮐러 부인, 안녕하십니까.

- Guten Morgen, meine Damen und Herren!
  구-탠 모르갠 마이네 다-맨 운트 해랜
  신사 숙녀 여러분 안녕하십니까.

- Morgen!
  모르갠
  안녕. (아침 인사)

- Tag!
  타-ㄱ
  안녕. (낮 인사)

- n'Abend!
  나-밴트
  안녕. (저녁 인사)
  〈n'은 guten의 축약형〉

- Ich grüße Sie.
  이히 그륏새 지-
  안녕하세요.

- Ich grüße Sie, Herr Starkbaum.
  이히 그륏새 지- 해어 슈타르크바움
  슈타르크바움 씨 안녕하세요.

4. 감사표시

Danke sehr.
당캐 제어
대단히 감사합니다.

Danke schön.
당캐 쇠-ㄴ
대단히 감사합니다.

Ich bedanke mich.   고맙습니다.
이히　배당-캐　미히

Besten Dank.   대단히 감사합니다.
배스탠　당크

Herzlichen Dank.   대단히 감사합니다.
해르츨리핸　당크

Schönen Dank!   대단히 감사합니다.
쇠-낸　당크

Vielen Dank!   대단히 감사합니다.
피-ㄹ랜　당크

Ich danke Ihnen vielmals.   대단히 감사합니다.
이히　당캐　이낸　피-ㄹ말스

Ich danke Ihnen für Ihre Hilfe.   도와주셔서 감사합니다.
이히　당캐　이낸　퓌어 이어래　힐패

Ich bin Ihnen sehr dankbar.   대단히 감사합니다.
이히　빈　이낸　제어　당크바-

⊙ 감사에 대한 응답

Bitte bitte!   뭘요.
빗태　빗태

Bitte schön!   천만에요.
빗태　쇠-ㄴ

Bitte sehr!   천만에요.
빗태　제-어

Gern geschehen!   뭘요.
개른　개세-언

Nichts zu danken.   천만에요.
니히츠　추　당캔

Keine Ursache!   천만에요.
카이내　우어자ㄱ해

문제 풀기

Ⅰ. 다음 빈칸에 알맞은 단어를 넣어 완성시키시오.

1. Guten _______________ ! (아침인사)

2. Guten _______________ ! (낮 인사)

3. Guten _______________ ! (저녁 인사)

4. Gute _________ ! (잘 자,(밤 인사))

5. Hallo, _______ geht's?

   Danke, nicht _________ und ______ ?

6. _______ Wiedersehen!

7. _______ morgen!

8. Hallo, Ulrich! _______ geht es dir?

9. Guten Tag, Frau Schmidt!

   _______________ Ihnen?

10. Auf _______________ !

1. Morgen	2. Tag	3. Abend	4. Nacht
5. wie, schlecht, dir	6. Auf	7. Bis	8. Wie
9. Wie geht es	10. Wiedersehen		

Ⅱ. 다음 각 그룹의 공통적인 관사는 무엇인가?

0. das	Kino 영화관	Radio 라디오	Auto 자동차
	Foto 사진	Büro 사무실	Video 비디오
	Etui 필통	Obst 과일	Heft 공책

1. 〈 〉	Arbeit 일, 공부 Tasche 가방 Schere 가위	Brille 안경 Blume 꽃 Kamera 카메라	Lampe 램프 Hose 바지

2. 〈 〉	Kuli 볼펜 Zirkel 콤파스	Bleistift 연필 Rucksack 배낭	Tisch 책상 Radiergummi 지우개

독일어의 '과일'(die Obst) 이름은 여성명사이다(die Tomate, die Orange, 예외 : der Apfel 사과 : 복수형으로 쓰이는 과일이름들 – die Bananen, die Traube 포도, die Erdbeeren 딸기)

3. 〈 〉	Tür 문 Hilfe 도움	U-Bahn 지하철 Prüfung 시험	Kirche 교회 Kleidung 옷

4. 〈 〉	Bad 욕실 Kleid 원피스	Radio 라디오 Kind 어린이	Bild 그림 Zimmer 방

5. 〈 〉	Name 이름 Apfel 사과	Motor 모터, 엔진 Wagen 자동차	Roboter 로봇 Computer 컴퓨터

1. 〈die〉	2. 〈der〉	3. 〈die〉	4. 〈das〉	5. 〈der〉

Ⅲ. 위의 명사들을 특정관사 1격과 4격으로 각각 써보자.

0. der Bleistift   -   d e n   Bleistift

1. das Buch   - __________ Buch

2. __________ Schere   - __________ Schere

3. __________ Etui   - __________ Etui

4. __________ Heft   - __________ Heft

5.	_____________ Tasche	-	_____________ Tasche
6.	_____________ Tisch	-	_____________ Tisch
7.	_____________ Foto	-	_____________ Foto
8.	_____________ Kamera	-	_____________ Kamera.
9.	_____________ Kuli	-	_____________ Kuli
10.	_____________ Blume	-	_____________ Blume
11.	_____________ Arbeit	-	_____________ Arbeit
12.	_____________ Bruder	-	_____________ Bruder
13.	_____________ Brille	-	_____________ Brille
14.	_____________ Bild	-	_____________ Bild
15.	_____________ Lampe	-	_____________ Lampe
16.	_____________ Apfel	-	_____________ Apfel
17.	_____________ Tag	-	_____________ Tag
18.	_____________ Auto	-	_____________ Auto
19.	_____________ Wagen	-	_____________ Wagen
20.	_____________ Rucksack	-	_____________ Rucksack

1. das	2. die, die	3. das, das	4. das, das
5. die, die	6. der, den	7. das, das	8. die, die
9. der, den	10. die, die	11. die, die	12. der, den
13. die, die	14. das, das	15. die, die	16. der, den
17. der, den	18. das, das	19. der, den	20. der, den

Wer ist das?

Wer ist das?
베어 이스트 다스

Das ist Ralpf.
다스 이스트 랄프

Das hier ist Veronika.
다스 히어 이스트 베로니카

Das ist Herr Köhnen.
다스 이스트 해어   쾨-넨

Er ist Programierer.
에어 이스트 프로그라미어러

Ist *das* hier Japan?
이스트 다스 히어   야-판

Nein, *das* ist Korea.
나인   다스 이스트 코레-아

이 사람은 누구입니까?

여기 이 사람은 랄프입니다.

이 사람은 베로니카입니다.

이 분은 쾨넨씨입니다.

그는 프로그래머입니다.

여기 이것이 일본입니까?

아니오, 그것은 한국입니다.

단어 익히기

- das (지시대명사)
  다스
  이것, 이 사람

- hier
  히어
  여기

- das hier
  다스 히어
  여기 이것, 여기 이 사람

- wer
  베어
  (의문대명사) 누구, 누가

- Herr
  해어
  (남성칭호) 씨, 군

- er
  애어
  (인칭대명사) 그

- der Programierer
  데어 프로그라미어러
  프로그래머

- nein
  나인
  아니오

- ist (sein동사)
  이스트
  …이다

문법 따라잡기

1. 지시대명사 das

"이것은", "이 사람은"이라는 말이며, 사물과 사람을 지칭한다.

Das ist Berlin.
다스 이스트 베얼리 - ㄴ
이것은 베를린이다. (지도나 사진을 보면서)

Das ist Manfred.
다스 이스트 만프레트

이 사람은 만프레트이다.

Das hier ist Korea.
다스 히어 이스트 코레-아

여기 이것이 한국입니다 (지도를 가리키며)

2. sein 동사

영어의 be동사에 해당한다. 각 인칭대명사에 따라 sein 동사의 형태가 다르다.

sein 동사의 현재인칭변화

	단 수		복 수	
1인칭	ich	**bin**	wir	**sind**
2인칭	du	**bist**	ihr	**seid**
	Sie	**sind**	Sie	**sind**
3인칭	er/sie/es	**ist**	sie	**sind**

Das *ist* Herr Köhnen.
다스 이스트 해어 쾨-넨

이 사람은 쾌낸 씨입니다.

Das *ist* Frau Lohmann.
다스 이스트 프라우 로-만

이분은 로만부인/씨입니다.

* 성인 여성에 대한 호칭은 결혼과 상관없이, Frau라고 한다.

Das *ist* Ralf.
다스 이스트 랄프

이 사람은 랄프입니다.

Er *ist* Schüler.
애어 이스트 슐-러

그는 학생이예요.

Das *ist* Inge.
다스 이스트 잉에

이 사람은 잉에입니다.

Sie *ist* Schülerin.　　　　　그 애는 (여)학생입니다.
지 이스트　　슐-러린

* 독일어에는 모든 명사에 문법의 성이 있다. 여성명사는 대부분 명사의 어미에 -
  in이 붙는다.

* 독일어에서는 직위, 직업명을 서술할 때 관사가 붙지 않는다.

Herr Lohmann *ist* Lehrer.　　　　로만씨는 교사입니다.
해어　　　로-만　이스트 레-러

Frau Werfel *ist* Lehrerin.　　　　베르펠 씨(여성)는 교사입니다.
프라우　　베르휄 이스트　레-러린

Das *sind* Beata und Maria.　　　　이쪽은 베아타와 마리입니다.
다스　진트　베아타　운트　마리-아

* 사람을 처음 소개할 때는 das로 시작하고 사람이 복수일 때는 sein동사 역시
  복수형을 쓴다.

3. 인칭대명사

인칭대명사는 위의 sein 동사 현재인칭변화 도표에 소개되었다.
단수 2인칭에는 두 가지가 있다. 친칭에는 du(친구, 가족, 친족 간에 이
렇게 쓴다), 존칭은 Sie라고 한다.
단수 1인칭은 ich(나)'이고 단수 3인칭에는 남성, 여성, 중성이 있는데,
남성은 'er', 여성은 'sie' 그리고 중성은 'es'라고 한다.

Inge, *du* bist sehr nett.　　　　잉에야, 너 참 친절하구나.
잉에　두 비스트 제-어　내트

Herr Kim, sind *Sie* müde?　　　김 선생님, 피곤하십니까?
해어　킴　진트　지-　뮈-대

Das ist Herr Lohmann.　　　　이 분은 로만 씨입니다.
다스 이스트 해어　　　로-만

Er ist fleißig.　　　　그분은 부지런하십니다.
애어 이스트 플라이씨히

* Herr Lohmann은 남성이니까 다음 문장에서 그 사람을 언급할 때는 3인칭 단
  수 er를 받는다.

Das ist In-A.   이 사람은 인아입니다.
다스 이스트 인 - 아

Sie ist Koreanerin.   그 애는 한국인입니다.
지 이스트   코레아 - 너린

* In-A는 여자 이름이다. 독일어에서 이름이 -a로 끝나면 여성이다. 따라서 3인칭
  단수 여성은 sie이다.

* 일반 명사에서 여성을 나타낼 때는 흔히 명사의 어미 '-in'을 붙인다.

Lehrer	선생님(남자)	- Lehrerin	선생님(여자)
Koreaner	한국인(남자)	- Koreanerin	한국인(여자)
Schüler	학생(남자)	- Schülerin	학생(여자)

4. 의문대명사 wer

Wer ist das?   이 사람은 누구입니까?
베어 이스트 다스

Das ist Herr Jandl.   그분은 얀들씨입니다.
다스 이스트 해어   얀들

* Wer ist das?라고 물었을 때, 대답은 das ist로 한다. das 대신에 인칭대명사 er
  나 sie등을 쓰지 않는다.

5. 어순

독일어 어순은 서술문에서 주어+동사…이다.

Wer	ist	das		이 사람은 누구입니까?
Das	ist		Inge.	이 사람은 잉에입니다.
	Ist	das	Inge?	이 사람이 잉에입니까?
Hier	ist	Berlin.		여기가 베를린입니다.

* 의문사가 없는 의문문에서는 동사가 문장 앞에 위치한다.

* 주어가 아닌 성분이 문장 맨 앞에 올 때는 동사와 주어가 도치된다.

표현 따라하기 

1. das의 표현

Wer ist *das*?　　　　　　　　　　이 사람은 누구입니까?
베어 이스트 다스

Das ist Andreas.　　　　　　　이 사람은 안드레아스입니다.
다스 이스트 안드레아스

Das ist Herr Müller.　　　　　이 분은 뮐러 씨입니다.
다스 이스트 해어　　뮐러

Ist *das* hier Anne?　　　　　　여기 이 사람이 안네입니까?
이스트 다스 히어　　안네

Das sind Peter und Manfred.　이쪽은 페터와 만프레트입니다.
다스　진트　페터　운트　만프레트

Das ist Korea.　　　　　　　　이것은 한국이다.
다스 이스트 코레 - 아

Das ist Seoul.　　　　　　　　이것은 서울이다.
다스 이스트　서울

Das ist Japan.　　　　　　　　이것은 일본이다.
다스 이스트　야판

Das hier ist China.　　　　　여기 이것은 중국이다.
다스　히어 이스트　히 - 나

Das ist gut.　　　　　　　　　이것은 좋다.
다스 이스트 구 - ㅌ

Das ist nicht gut.
다스 이스트 니히트 구-ㅌ

이것은 좋지 않다.

2. 부정어 nicht는 동사 뒤에 쓴다.

Rauchen Sie?
라욱헌　　지-

담배 피우십니까?

Nein, ich rauche *nicht*.
나인　이히　라우허　　니히트

아니오, 저는 담배를 피우지 않습니다.

Ist das Buch hier teuer?
이스트 다스 북흐　히-어　토이어

여기 이 책 비싼가요?

Nein, es ist *nicht* teuer.
나인 애스 이스트　니히트　　토이어

아니오, 그것은 비싸지 않습니까?

Ist der Kaffee zu stark?
이스트 데어　카페-　추-　슈타르크

이 커피 아주 진한가요?

Nein, er ist *nicht* so stark.
나인　에어 이스트 니히트 조- 슈타르크

아니오, 그것은 그렇게 진하지 않아요.

Ist das Wasser zu kalt?
이스트 다스　봐써　추-　칼트

그 물 아주 차가운가요?

Nein, es ist *nicht* so kalt.
나인　애쓰 이스트 니히트 조- 칼트-

아니오, 그다지 차갑지 않아요.

Ist die Limonade zu sauer?
이스트 디　리모나-대　추-　자우어

그 레몬주스 아주 신가요?

Nein, sie ist *nicht* so sauer.
나인　지- 이스트 니히트 조- 자우어

아니오, 그렇게 시지 않아요.

Lernen Sie Französisch?
래르낸　지-　프란최-지쉬

프랑스어를 배우십니까?

Nein, ich lerne nicht Französisch.
나인　이히 레르내 니히트　프란최-지쉬

아니오, 저는 프랑스어를
배우지 않습니다.

3. 직업 말하기

Ich bin Lehrer.　　　　　　나는 교사입니다.
이히 빈 레-러

Sie ist Lehrerin.　　　　　그 여자는 선생님/교사입니다.
지 이스트 레-러린

Er ist Programierer.　　　그는 프로그래머입니다.
애어 이스트 프로그라미어러

Er ist Schüler.　　　　　　그는 학생입니다.
애어 이스트 슐-러

Sie ist Schülerin.　　　　그 여자애는 학생입니다.
지 이스트 슐-러린

Er ist Angestellter.　　　그는 회사원입니다.
애어 이스트 안개쉘터

은행원	Bankangestellter(남) / Bankangestellte(여) 방크쉬텔러　　　　　　　방크안개쉬텔테
의사	Arzt(남) / Ärztin(여) 아르츠트　　래르츠틴
치과의사	Zahnarzt(남) / Zahnärztin(여) 차 ㄴ아르츠트　　차-ㄴ애르츠틴
교사	Lehrer(남) / Lehrerin(여) 레-러　　　레-러린
경영자	Unternehmer(남) / Unternehmerin(여) 운터네-머　　　　운터네-머린
건축가	Architekt(남) / Architektin(여) 아르히텍트　　　아르히텍틴
주부	Hausfrau 하우스프라우
정년퇴직자	Rentner(남) / Rentnerin(여) 렌트너　　　렌트러린
언론인	Journalist(남) / Journalistin(여) 저널리스트　　　저널리스틴

4. 국가, 사람

Korea　　　　　　한국
코레 - 아

Koreaner 한국인(남) / Koreanerin 한국인(여)
코레아 - 너　　　　　　　코레아 - 너린

Deutschland　　　독일
도이췰란트

Deutscher 독일인(남) / Deutsche 독일인(여)
도이췌　　　　　　도이췌

Amerika 미국(die USA)
아메 - 리카　　　　(디 우에스아)

Amerikaner 미국인(남) / Amerikanerin 미국인(여)
아메리카 - 너　　　　　　아메리카 - 너린

England　　　　　영국
앵글란트

Engländer 영국인(남) / Engländerin 영국인(여)
앵글랜더　　　　　　　앵글랜더린

Frankreich　　　프랑스
프랑크라이히

Franzose 프랑스인(남) / Französin 프랑스인(여)
프란초 - 제　　　　　　프란최 - 진

Italien　　　　　이탈리아
이탈 - 리언

Italiener 이탈리아인(남) / Italienerin 이탈리아인(여)
이탈리에 - 너　　　　　　이탈리에 - 너린

Spanien　　　　스페인
슈파 - 니엔

Spanier 스페인 사람(남) / Spanierin 스페인 사람(여)
슈파 - 니어　　　　　　슈파 - 니어린

China 　　　중국
히 - 나

Chinese 중국인(남) / Chinesin 중국인(여)
히네 - 재　　　　　　　　히네 - 진

Japan 　　　일본
야 - 판

Japaner 일본인(남) / Japanerin 일본인(여)
야파 - 너　　　　　　　　야파 - 너린

5. 부정할 때

- Nein! 　　　　　　　　　　　아니오.

- Aber nein! 　　　　　　　　　안돼/안돼요.

- Doch! 　　　　　　　　　　　아니오.(부정으로 질문을 할 때)

- Im Gegenteil. 　　　　　　　그와 반대입니다.

- Keineswegs! 　　　　　　　　결코 그렇지 않아요.

- Keinesfalls! 　　　　　　　결코 그렇지 않아요.

- Auf keinen Fall! 　　　　　결코 그렇시 않아요.

- Ne! 　　　　　　　　　　　　아니오.

- Nee! 아니오.

- Nicht im Geringsten! 　　　결코 그렇지 않아요.

- Nicht denkbar! 　　　　　　생각할 수 없는 일이예요.

- Niemals! 　　　　　　　　　결코 그렇지 않아요.

- Unsinn! 　　　　　　　　　그렇지 않아요.

- Undenkbar! 　　　　　　　생각할 수도 없는 일입니다.

- Keine Ahnung! 　　　　　　몰라요.

- Keine Spur! 　　　　　　　얼토덩토 않은 소리예요.

- Das finde ich nicht.   저는 그렇게 생각하지 않아요.
- Das geht doch gar nicht.   그것은 안됩니다.
- Das ist nicht wahr.   그것은 사실이 아니예요.
- Das stimmt nicht.   그것은 맞지 않아요.

문제 풀기

Ⅰ. 다음 빈칸에 알맞은 말을 넣으시오.

1. ________ ist das? – Das ist Gabriel.

2. ________ ist Herr Schmidt. ________ ist Lehrer.

3. ________ Sie Koreaner? – Ja, ich ________ Koreaner.

4. Du ________ fleißig.

5. Das ________ Peter und Anne.

6. ________ das hier Japan? – ________ , das ist Korea.

7. ________ hier ist Veronika.

8. Das ist Renate. ________ ist Lehrerin.

9. 여기 이것은 중국입니다. ________________ ist ____________ .

10. 이 사람은 누구입니까? - 이 사람은 우테(Ute)입니다.

     ________ ist ________ ? - ________ ist ________ .

---

1. Wer   2. Das, Er   3. Sind, bin   4. bist   5. sind   6. Ist, Nein

7. Das   8. Sie   9. Das hier, China   10. Wer, das, Das, Ute

Ⅱ. 다음 명사의 여성형을 만드시오.

1. der Schüler
2. der Student
3. der Lehrer
4. der Professor
5. der Fahrer
6. der Arbeiter
7. der Präsident
8. der Politiker
9. der Minister
10. der Käufer

---

1. der Schülerin
2. der Studentin
3. der Lehrerin
4. der Professorin
5. der Fahrerin
6. der Arbeiterin
7. der Präsidentin
8. der Politikerin
9. der Ministerin
10. der Käuferin

Ⅲ. 다음을 독일어로 옮기시오.

1. 이 사람은 누구입니까?
2. 그 사람은 모니카Monika입니다.
3. 그리고 이 사람은요?
4. 그 사람은 뮐러Müller씨입니다.

   그는 교사입니다.
5. 이 사람은 뮐러Müller씨(여자)입니다.

   그녀는 교사입니다.

---

1. Wer ist das?
2. Das ist Monika.
3. Und das?
4. Das ist Herr Müller. Er ist Lehrer.
5. Das ist Frau Müller. Sie ist Lehrerin.

Was ist das?

Was *ist* das?
봐스 이스트 다스

Das ist *ein* Kuli.
다스 이스트 아인 쿨 - 리

Der Kuli ist neu.
데어 쿠 - ㄹ리 이스트 노이

Was *ist* das?
봐스 이스트 다스

Das ist *ein* Buch.
다스 이스트 아인 부 - 흐

Das Buch ist interessant.
다스 부 - 흐 이스트 인터레산트

Und das?
운트 다스

Das ist *eine* Tasche.
다스 이스트 아이내 탓쉐

Die Tasche ist praktisch.
디 탓쉐 이스트 프락티쉬

Das sind Hefte.
다스 진트 해프태

Die Hefte sind billig.
다스 해프태 진트 빌리히

이것은 무엇입니까?

이것은 볼펜입니다.

그 볼펜은 새 것입니다.

이것은 무엇입니까?

이것은 책입니다.

이 책은 재미있습니다.

그럼 이것은요?

이것은 가방입니다.

이 가방은 실용적입니다.

이것은 공책들입니다.

이 공책들은 저렴합니다.

단어 익히기

- was
  봐스
  무엇

- das
  다스
  이것, 그것(지시대명사)

- der Kuli
  데어 쿨-리
  볼펜(=der Kugelschreiber)

- neu
  노이
  새로운

- das Buch
  다스 부-흐
  책

- interessant
  인터레산트
  재미있는, 흥미있는

- die Tasche
  디 탓쉐
  가방

- praktisch
  프락팃쉬
  실용적인

- Hcftc
  해프태
  공책들(das Heft의 복수형)

⊙ 학용품

독일어	한국어	독일어	한국어
der Kuli	볼펜	der Spitzer	연필깍기
der Bleistift	연필	die Korrekturflüssigkeit	수정액
der Druckbleistift	샤프연필	die Heftzange	스테플러
der Zirkel	콤파스		(호치키스)
der Füller	만년필	das Etui	필통
der Klebestift	풀	das Heft	공책
der Radiergummi	지우개	das Kopierpapier	복사용지
der Korrektur-Roller	수정-롤러	das Lineal	자
der Korrekturstift	수정펜	die Büroklammern	클립

문법 따라잡기 

1. 불특정관사와 특정관사

⊙ 불특정관사

	m. (남성)	f. (여성)	n. (중성)
1격	**ein**	**eine**	**ein**
2격	eines	einer	eines
3격	einem	einer	einem
4격	einen	eine	ein

⊙ 불특정관사

	m. (남성)	f. (여성)	n. (중성)	pl. (복수)
1격	**der**	**die**	**das**	**die**
2격	des	der	des	der
3격	dem	der	dem	den
4격	den	die	das	die

* 사물을 처음 말할 때는 불특정관사를 쓰고 그 다음 언급할 때는 특정관사를 사용한다.

* 1격은 주어와 보어 역할을 한다. 위의 관사는 영어의 the, a에 해당한다.

Das ist *ein* Kuli. 이것은 볼펜입니다.
다스 이스트 아인 쿨-리

Der Kuli ist neu. 그 볼펜은 새 것입니다.
데어 쿨-리 이스트 노이

Das ist *ein* Buch. 이것은 책입니다.
다스 이스트 아인 부-흐

Das Buch ist interessant.
다스 부-흐 이스트 인터레쌴트

이 책은 재미있습니다.

Das ist *eine* Tasche.
다스 이스트 아이내 탓쉐

이것은 가방입니다.

Die Tasche ist neu.
디 탓쉐 이스트 노이

이 가방은 새 것입니다.

Das sind Hefte.
다스 진트 해프태

이것은 공책들입니다.

Die Hefte sind praktisch.
디 해프태 진트 프락티쉬

이 공책들은 실용적입니다.

* 복수명사는 불특정관사가 없다. 그러나 그 명사를 받을 때는 특정관사가 붙는다(복수형 특정관사는 있기 때문이다).

2. 특정관사와 인칭대명사의 활용

Ist *der* Kuli hier neu?
이스트 데어 쿨리 히어 노이

여기 이 볼펜 새 것입니까?

— Ja, *er* ist neu.
아 에어 이스트 노이

예, 그것은 새 것입니다.

Ist *die* Lampe zu teuer?
이스트 디 람페 추 토이어

이 램프는 아주 비싼가요?

Nein, *sie* ist nicht so teuer.
나인 지 이스트 니히트 조 토이어

아니오, 그것은 그다지 비싸지 않아요.

Wo ist *das* Etui?
보 이스트 다스 에투이

그 필통이 어디 있지?

— *Es* ist hier.
앳스 이스트 히어

그것은 여기 있어.

Wo sind *die* Hefte?
보- 진트 디 해프태

그 공책들은 어디 있지?

— *Sie* sind da. 　　　　　　　그거 저기 있어.
　　지- 진트　다

* 여기서 왜 sein동사가 sind가 왔을까? 그것은 die Hefte가 das Heft의 복수형이기 때문이다. 복수 3인칭의 sein 동사는 sind이다. (☞ sein 동사의 현재인칭 변화 참고)
* 명사의 복수형은 뒷부분에서 다루게 된다.

3. ja, nein 대답하기

ja는 긍정의 대답에, nein은 부정의 대답에 쓰는 말이다.

Ist das ein Bleistift? 　　　　　　이것은 연필입니까?
이스트 다스 아인 블라이슈티프트

— Ja, das ist ein Bleistift. 　　　　예, 그것은 연필입니다.
　야　다스 이스트 아인 블라이슈티프트

Ist das ein Kuli? 　　　　　　　　이것은 볼펜입니까?
이스트 다스 아인 쿨-리

— Ja, das ist ein Kuli. 　　　　　　아니오, 그것은 볼펜입니다.
　야　다스 이스트 아인 쿨-리

Ist die Lehrerin groß? 　　　　　　그 여선생님은 키가 큽니까?
이스트 디　레-러린　그로쓰

— Nein, sie ist klein. 　　　　　　아니오, 그분은 키가 작아요.
　나인　지-이스트 클라인

Ist das Buch zu dick? 　　　　　　그 책은 아주 두꺼운가요?
이스트 다스 부-흐　추　딕

— Nein, es ist dünn. 　　　　　　아니오, 그 책은 얇아요.
　나인　앳스 이스트 뒨

* zu는 "너무, 아주"라는 뜻이다. 비슷한 말은 sehr(제어), ziemlich(침리히) 등이 있다.

Ja, richtig.
야- 리히티히

예, 맞아요.

Ja, stimmt.
야-　슈팀트

맞아요.

Ja, sicher.
야-　짓혀

확실해요.

Ja, klar.
야- 클라

명백해요.

Ja, ganz klar.
야- 간츠　클라

틀림없어요.

Ja, natürlich.
야- 나튜얼리히

물론입니다.

Selbstverständlich.
젤ㅍ스트패어슈탠틀리히

물론입니다.

Ja, eben.
야- 에-밴

그렇고말고요.

Ich glaube ja.
이히　글라우배　야-

그런 것 같아요.

Ich glaube nicht.
이히　글라우배　니히트

그런 것 같지 않아요. (그럴 리가 없어요.)

Sie haben Recht.
지-　하-밴　레히트

당신 (말씀)이 옳아요.

Vielleicht ja.
피- ㄹ라이히트 야-

아마도 그런 것 같아요.

⊙ 긍정할 때

Allerdings!　　　　　　　　　물론입니다.

Eben!　　　　　　　　　　　그래요/그렇습니다.

Das ist doch klar!　　　　　　그게 맞아.

Das stimmt!	그게 맞아.
Gewiss!	맞아요/그래요/그렇고 말고요.
Klar!	명백합니다.
Selbstverständlich!	물론이지요.
Sicher.	그럼요./맞아요.
Du hast Recht.	네 말이 옳아.
Das glaube ich.	나는 그렇게 생각해요.
Meinetwegen!	저도 그렇습니다.
So ist's.	그렇습니다./그래요.
Ja, stimmt.	그래, 맞아/ 그래요, 맞습니다.

4. 형용사

groß 큰	klein 작은	dunn 얇은	dick 두꺼운
teuer 비싼	billig 저렴한	neu 새로운	alt 낡은, 오래된
freundlich 친절한	nett 상냥한	müde 피곤한	

5. 명사의 복수형

형태	남 성		여 성		중 성	
	단수	복수	단수	복수	단수	복수
(¨)	der Bruder der Lehrer der Schüler der Vater	**die Brüder** **die Lehrer** **die Schüler** **die Väter**	die Mutter die Tochter	**die Mütter** **die Töchter**	das Fenster das Zimmer das Zucker	**die Fenster** **die Zimmer** **die Zucker**
(¨)e	der Brief der Film der Freund	**die Briefe** **der Filme** **die Freunde**	die Hand die Kraft	**die Hände** **die Kräfte**	das Heft das Jahr	**die Hefte** **die Jahre**

	der Monat der Sohn der Tag	**die Monate** **die Söhne** **die Tage**	die Nacht die Wurst	**die Nächte** **die Würste**	das Wort (언어)	**die Worte**
(¨)er	der Mann der Wald	**die Männer** **die Wälder**			das Bild das Buch das Haus das Kind das Wort (단어)	**die Bilder** **die Bücher** **die Häuser** **die Kinder** **die Wörter**
__(e)n	der Herr der Mensch der Student	**die Herren** **die Menschen** **die Studenten**	die Frau die Schwester die Schule die Uhr	**die Frauen** **die Schwestern** **die Schulen** **die Uhren**	das Auge das Erbe	**die Augen** **die Erben**
__s	der Kuli der Park	**die Kulis** **die Parks**	die Party	**die Partys**	das Auto das Foto das Handy das Hotel	**die Autos** **die Fotos** **die Handys** **die Hotels**

* 단어의 복수형은 직접 사전을 찾아 정리하면서 연습하여야 한다.

* das Fleisch 고기, das Obst 과일, das Gemüse 야채, die Milch 우유 등은 항상 단수로만 쓴다.

* die Eltern 부모, die Geschwister 형제자매, die Leute 사람들, die Ferien 방학 등은 항상 복수형으로만 쓴다.

* 그러나 die Lehrerin처럼 -in이 붙은 여성명사의 복수형은 -nen이다
  die Lehrerin*nen*　　die Schülerin*nen*　　die Studentin*nen*

표현 따라하기

1. 이것은 무엇입니까?

Was ist das?　　　　　　　이것은 무엇입니까?

봣스 이스트 다스

Das ist *ein* Kuli.
다스 이스트 아인 쿨-리

이것은 볼펜입니다.

Der Kuli ist neu.
데어 쿨-리 이스트 노이

그 볼펜은 새 것입니다.

Das ist *ein* Buch.
다스 이스트 아인 부-흐

이것은 책입니다.

Das Buch ist interessant.
다스 부-흐 이스트 인터래쌴트

이 책은 재미있습니다.

Das ist *eine* Brille.
다스 이스트 아이내 브릴래

이것은 안경입니다.

Die Brille ist neu.
디 블릴래 이스트 노이

이 안경은 새 것입니다.

Das sind Hefte.
다스 진트 해프태

이것은 공책들입니다.

Die Hefte sind praktisch.
디 해프태 진트 프락티쉬

이 공책들은 실용적입니다.

Ist der Klui zu teuer?
이스트 데어 쿨-리 추 토이어

이 볼펜은 아주 비싼가요?

— Nein, er ist nicht so teuer.
나인 애어 이스트 니히트 조 토이어

아니오, 그것은 그렇게 비싸지 않아요.

Ist das Heft zu groß?
이스트 다스 해프트 추 그로쓰

이 공책이 너무 큰가요?

— Nein, es ist nicht so groß.
나인 앳스 이스트 니히트 조 그로쓰

아니오, 그것은 그렇게 크지는 않아요.

Ist der Bleistift hier richtig
이스트 데어 블라이슈티프트 히어 리히티히

여기 이 연필이 맞아요?

— Ja, er ist richtig.
야 애어 이스트 리히키히

예, 그것이 맞습니다./적합합니다.

Ist *der* Kuli hier neu?
이스트 데어 쿨-리 히어 노이

여기 이 볼펜 새 것입니까?

— Ja, *er* ist neu.
야　애어 이스트 노이

예, 그것은 새 것입니다.

Ist *die* Tasche praktisch?
이스트 디　탓쉐　프락티쉬

이 가방 실용적인가요?

— Ja, *sie* ist ganz praktisch.
야　지 이스트 간츠　프락티쉬

예, 그것은 아주 실용적이예요.

Ist *das* Etui teuer?
이스트 다스 에투이　토이어

이 필통 비쌉니까?

— Nein, *es* ist billig.
나인　애스 이스트 빌리히

아니오, 그것은 저렴합니다.

Ist *das* Heft zu groß?
이스트 다스 해프트 주　그로쓰

이 공책이 너무 큰가요?

— Nein, *es* ist nicht so groß.
나인,　앳스 이스트 니히트 조　그로쓰

아니오, 그것은 아주 크지는 않아요.

Ist *die* Frau da freundlich?
이스트 디 프라우　다　프로인틀리히

저기 저 여자는 친절한가요?

— Ja, *sie* ist sehr freundlich.
야- 지- 이스트 제-어 프로인틀리히

예, 그 여자는 아주 친절해요.

* die Lampe 램프, das Etui 필통, die Uhr 시계, zu 매우, so 그렇게, da 저기, freundlich 친절한, sehr 매우

2. 이 …, 그 …

Da ist *ein* Schüler.
다 이스트 아인　슐-러

저기 한 학생이 있습니다.

Der Schüler ist fleißig.
데어　슐-러　이스트 플라이씨히

그 학생은 부지런합니다.

Er ist groß.
애어 이스트 그로쓰

그는 키가 큽니다.

Da ist *eine* Frau.
다 이스트 아이내 프라우

저기 한 여자가 있습니다.

Die Frau ist Koreanerin.
디 프라우 이스트 코레아너린

그 여자는 한국인입니다.

Sie ist fleißig.
지 이스트 플라이씨히

그 여자는 부지런합니다.

Das sind Kinder.
다스 진트 킨더

이들은 어린이들입니다.

Die Kinder sind hübsch.
디 킨더 진트 휩쉬

이 어린이들은 귀여워요.

Sie sind noch klein.
지 진트 녹흐 클라인

그들은 아직 어립니다.

4 단계

문제 풀기

I. 빈칸에 알맞은 관사를 넣으시오.

1. Was ist das?

   — Das ist ______ Bleistift. Der Bleistift ist neu.

2. Das ist eine Tasche. ______ Tasche ist schön.

3. Das ist ______ Buch. ________ Buch ist gut.

4. Das sind Hefte. ______ Hefte sind billig.

5. Was ist das? - Das ist ein Heft.

   ______ Heft ist praktisch.

1. Der Schüler ist fleißig. _____ ist groß.

2. Ist der Kuli hier neu? - Ja, _____ ist neu.

3. Ist die Tasche praktisch? - Ja, _____ ist ganz praktisch.

4. Ist das Etui teuer? - Nein, _____ ist billig.

5. Ist das Buch zu dick? - Nein, _____ ist dünn.

Ⅲ. 다음 빈칸에 알맞은 인칭대명사를 넣으시오.

1. Wo ist der Kuli?　　　　　Hier ist ____.

2. Wo ist die Zeitung?　　　　Hier ist ____.

3. Wo ist das Wörterbuch?　　Hier ist ____.

4. Wo sind die Hustenbonbons?　Hier sind ____.

정답

Ⅰ. 1. ein　2. Die　3. ein, Das　4. Die　5. Das

Ⅱ. 1. Er　2. er　3. sie　4. es　5. es

Ⅲ. 1 er　2. sie　3. es　4. sie

Woher kommen Sie?

Woher komm*en* Sie? 보해어 　 콤맨 　 지-	어느 나라에서 오셨습니까?
Ich komm*e aus* Korea. 이히 　 콤매 　 아웃스 코레-아	저는 한국에서 왔습니다.
Wo wohn*en* Sie? 보 　 보-낸 　 지-	어디에 살고계십니까?
Ich wohn*e* in Düsseldorf. 이히 　 보-내 　 인 　 뒤셀도르프	저는 뒤셀도르프에서 살아요.
Woher komm*st* du denn? 보해어 　 콤스트 두- 　 댄	너는 어디서 왔니?
Ich komm*e aus* Korea, *aus* Seoul. 아이히 　 콤매 　 아웃스 코레-아 아웃스 서울	나는 한국에서 왔어, 서울에서.
***Seid* ihr *aus* China?** 자이트 이어- 아웃스 히-나	너희들은 중국에서 왔니?
Nein, wir komm*en aus* Korea. 나인 비어 콤맨 　 아웃스 코레아	아니, 우리는 한국에서 왔어.
Was mach*t* Herim hier? 봐스 　 막흐트 　 헤림 　 히어	혜림이는 여기서 뭐하니?
Sie lern*t* Deutsch. 지- 　 레른트 　 도이취	그 애는 독일어를 배워.

단어 익히기 

- **woher**
  보해어

  어디서, 어디에서, 어디로부터

- **kommen**
  콤맨

  오다

- **Sie**
  지-

  당신

- **aus**
  아우스

  (전치사) … 에서, … 로부터

- **Korea**
  코레-아

  한국

- **wo**
  보-

  어디

- **wohnen**
  보-낸

  살다, 거주하다

- **in**
  인

  (전치사) … 에

- **ihr**
  이-어

  너희들(인칭대명사 복수 2인칭)

- **China**
  히-나

  중국

- **was**
  봣스

  무엇

- **machen**
  막헌

  하다, 만들다

- **lernen**
  레르낸

  배우다

문법 따라잡기 

1. 인칭대명사

	단 수	복 수
1인칭	ich (나)	wir (우리)
2인칭 친칭	du (너)	ihr (너희들)
존칭	Sie (당신)	Sie (당신들, 여러분)
3인칭	er (그 남자) sie (그 여자) es (그 아이)	sie (그들)

* 3인칭의 경우 사물에 대해서도 쓴다. 영어의 it는 er, sie, es, sie(복수)가 될 수 있는데, 독일어에는 명사마다 문법의 성이 있기 때문이다.

Das sind Peter und Klara.　　　　　　이들은 페터와 클라라이다.
　다스　진트　페터　운트　클라라

— *Sie* sind groß.　　　　　　　　　그들은 키가 크다.
　지- 　진트　그로-쓰

Peter und Klara, seid *ihr* befreundet　페터 그리고 클라라,
　페터　운트　클라라　자이트　이어　　베프로인대트　　너희들은 친하니?

— Ja, *wir* sind so gut befreundet.　　그래, 우린 아주 친해.
　야　뷔어　진트　조　굴　베프로인대트

Wo ist Ingrid?　　　　　　　　　　야, 잉그리트는 어디 있니?
　보- 이스트 잉그리트

— *Sie* ist hier.　　　　　　　　　　그 애는 여기 있어.
　지- 이스 히어

단 수			복 수		
ich	komm*e*	- *e*	wir	komm*en*	- *en*
du	komm*st*	- *st*	ihr	komm*t*	- *t*
Sie	komm*en*	- *en*	Sie	komm*en*	- *en*
er/sie/es	komm*t*	- *t*	sie	komm*en*	- *en*

동사는 인칭에 따라 어미변화를 한다. 동사의 어미-en을 빼면 동사의 어간이 된다.

사전에서는 동사원형으로 찾아야 한다.

예) komm-en 오다   geh-en 가다

Komm*en* Sie aus England?
콤맨   지- 아웃스   앵글란트

영국에서 오셨습니까?

Ja, ich komm*e* aus England.
야 이히   콤매   아웃스   앵글란트

예, 저는 영국에서 왔습니다.

Wo wohn*st* du?
보- 보-ㄴ스트 두-

너는 어디서 사니?

Ich wohn*e* in Seoul.
이히   보-내   인   서울

나는 서울에 살아.

Wo wohn*t* Herr Lohmann?
보- 보-ㄴ트   해어   로-만

로만씨는 어디에 사시지요?

Er wohn*t* in Busan.
애어 보-ㄴ트 인   부산

그는 부산에 삽니다.

Was mach*t* ihr hier?
봐스   막흐트 이어   히어

너희들 여기서 무엇을 하니?

Wir lern*en* Deutsch.
비어 레르낸   도이취

우리는 독일어를 배워.

Anne, was mach*st* du hier?
안내   봐스   막흐스트 두- 히어

안네야, 너 여기서 뭐하니?

Die Lehrerin sin*gt* sehr gut.   그 여선생님은 노래를 매우 잘 부른다.
디 레-러린   징트 제어 구-ㅌ

♠ 단어정리

machen 하다, 만들다   lernen 배우다   singen 노래 부르다

3. 장소표시 전치사 – aus, bei , in

1) aus : 전치사 aus는 출처를 나타낸다.

Nikos kommt aus Griechenland.   니코스는 그리스에서 왔다.
니코스   콤트   아웃스   그리핸란트

Ich bin aus Korea.   나는 한국에서 왔다.
이히   빈 아웃스 코레-아

* 출신을 말할 때 sein동사를 kommen 동사 대신에 쓰기도 한다.

Boris kommt aus Russland.   보리스는 러시아에서 왔다.
보리스   콤트   아웃스 루슬란트

Ito *ist* aus Japan.   이토는 일본에서 왔다.
이토 이스트 아웃스 야판

2) bei : 전치사 bei 다음에 회사 고유명사가 오면, "… 회사에서"란 뜻
이다. bei＋사람은 "… 네 집에"란 뜻이고 bei＋지명은 "… 근처에"이다.

Ich wohne hier *bei* Frau Wohlfahrt.   저는 여기서 볼파르트 부인
이히   보내   히어 바이 프라우   볼-파르트   집에 살고 있어요.

Wo liegt Kwachon?   과천은 어디에 있습니까?
보- 리-ㄱ트   과천

Kwachon liegt *bei* Seoul.   과천은 서울 근처에 있습니다.
과천   리-ㄱ트 바이   서울

3) in : 장소를 나타내는 전치사로서 "…에"이다.

Manfred wohnt *in* Frankfurt.　　만프레트는 프랑크푸르트에서
만프래트　보-ㄴ트　인　프랑크푸르트　살고 있다.

Wir lernen Deutsch in Berlin.　　우리는 베를린에서
비어　레르랜　도이취　인 베얼리-ㄴ　독일어를 배운다.

표현 따라하기

Woher komm*en* Sie?　　어디서 오셨습니까?
보해어　콤맨　지-

Woher komm*t* Dickens?　　디킨스는 어느 나라에서 왔나요?
보해어　콤트　디킨스

Woher komm*t* ihr?　　너희들은 어느 나라에서 왔니?
보해어　콤트　이-어

Ich komm*e* aus Korea.　　저는 한국에서 왔습니다.
이히　콤매　아웃스 코레-아

Er komm*t* aus Amerika.　　그는 미국에서 왔습니다.
에어　콤트　아웃스 아메-리카

Wir komm*en* aus Polen.　　우리는 폴란드에서 왔습니다.
비어　콤맨　아웃스 폴-랜

Wo wohn*st* du?　　너는 어디 사니?
보-　보-ㄴ스트 두-

Wo wohn*t* ihr?　　너희들은 어디 사니?
보-　보-ㄴ트 이-어

Wo wohn*en* Sie?　　어디 사십니까?
보-　보-낸　지-

Wo woh*t* Herr Bütikofer?
보- 보-ㄴ트 해어 뷰티코퍼

뷰티코퍼 씨는 어디에 살고 있나요?

Ich wohne in Berlin.
이히 보-내 인 베얼리-ㄴ

나는 베를린에서 살고 있습니다.

Wir wohnen in Potsdam.
비어 보-낸 인 포츠담

우리는 포츠담에서 살고 있어요.

Er wohnt in Düsseldorf.
애어 보-ㄴ트 인 뒤셀도르프

그는 뒤셀도르프에 살아요.

Was machen Sie?
봐스 막헌 지-

무엇을 하십니까?/무슨 일을 하십니까?

Was machen Sie beruflich?
봐스 막헌 지- 배루플리히

직업이 무엇입니까?

Was machst du hier?
봐스 막흐스트 두- 히어

너는 여기서 무엇을 하니?

Ich lerne Deutsch.
이히 레르내 도이취

나는 독일어를 배웁니다.

Ich bin Schüler.
이히 빈 슐-러

저는 학생입니다.

Ich bin Lehrer.
이히 빈 레-러린

저는 교사입니다.

Günther ist groß.
귄터 이스트 그로-쓰

귄터는 키가 크다.

Veronika ist schön.
베로니카 이스트 쇠-ㄴ

베로니카는 예쁘다.

Seid ihr befreundet?
자이트 이-어 배르포인대트

너희들은 친하니?

Ich und Fritz sind befreundet.
이히 운트 프리츠 진트 배르포인대트

나와 프리츠는 친하다.

【칭찬하기】

좋아.
Gut!
구 - ㅌ

좋아.
O.K!
오 - 케이

정말 좋구나.
Wunderbar!
분더바 -

잘 됐어.
Alles in Ordnung.
알래스 인   오르드눙

잘했어.
Bravo!
브라보

잘했어.
Gut gemacht!
구 - ㅌ   개막흐트

잘했어.
Prima!
프리 - 마

훌륭해.
Klasse!
클랏새

환상적이야.
Phantastisch!
판타스티쉬

최고야.
Ausgezeichnet!
아우스게차이히내트

끝내주는군, 최고야.
Super!
주 - 퍼

멋있어.
Schön!
쇠 - ㄴ

잘 했어.
Alle Achtung.
알래   아흐퉁

그거 정말 훌륭하구나.
Das ist großartig.
다스 이스트 그로스아르티히

너 정말 잘하는구나.
Wie gut du das kannst!
비 - 구 - ㅌ 두 다스   칸스트

그거 정말 멋진데요.　　　　　　Mensch, ist das schön!
　　　　　　　　　　　　　　맨쉬　　이스트 다스　쇠-ㄴ

정말 친절하십니다.　　　　　　Das ist aber nett!
　　　　　　　　　　　　　　다스 이스트 아-버　낼

정말 친절하십니다.　　　　　　Sehr freundlich von Ihnen.
　　　　　　　　　　　　　　제-어　프로인틀리히　폰　이-낸

대단히 아름다워 보이십니다.　　Sie sehen ja sehr schön aus.
　　　　　　　　　　　　　　지- 제-언 야- 제-어 쇠-ㄴ 아우스

당신 정말 멋져 보여요.　　　　Sie sehen sehr schick aus.
　　　　　　　　　　　　　　지- 제-언 제-어　쉭　아우스

독일어를 참 잘하는군요.　　　　Sie sprechen sehr gut Deutsch.
　　　　　　　　　　　　　　지-　슈프랜현　제-어 구-ㅌ 도이취

◉ 기쁨을 나타내는 말

- Bravo!　　　　　　　　　　만세.
  브라보

- Prima!　　　　　　　　　　멋져.
  프리마

- Toll!　　　　　　　　　　　좋았어.
  톨

- Unglaublich.　　　　　　　믿을 수가 없어요.
  운글라우블리히

- Wunderbar!　　　　　　　좋아. / 멋져 / 멋져요.
  분더바-

- Wahnsinn!　　　　　　　　좋아.
  봐-ㄴ진

- Das ist ja fein.　　　　　잘됐어.
  다스 이스트 야- 파인

문제 풀기

I. 알맞은 인칭대명사를 넣으시오.

1. Das ist Anna, ________ ist fleißig.
2. Das sind Peter und Karin, ________ sind groß.
3. Peter, bist ________ Schüler?
4. Ulrich und Marion, ________ seid nett.
5. Erhard ist Schüler. ________ ist groß.

II. 다음 빈칸에 알맞은 sein 동사를 넣으시오.

1. Ich ________ Koreaner.
2. ________ du Amerikaner?
3. Otto, ________ du aus England?
4. Herr Schmidt, ________ Sie Lehrer?
5. Frau Schmidt ________ Hausfrau.
6. Daniel und ich ________ Freunde.
7. Daniel und Otto, ________ ihr Engländer?

III. 다음 빈칸에 알맞은 동사어미를 넣으시오.

1. Anne komm______ aus München.
2. Kiho, komm______ du aus Korea?

3. Ich lern______ Deutsch.

4. Lern______ er auch Deutsch?

5. Wir lern______ hier Deutsch.

6. Herr Lohmann, wohn______ Sie hier?

7. Herr Lohmann wohn______ in Berlin.

8. Eva und Hanna, was mach______ ihr hier?

9. Eva und Hanna lern______ Englisch.

10. Was such______ der Lehrer?

Ⅳ. 다음 빈칸에 알맞은 W-의문문을 넣으시오.

1. ____________ kommen Sie?

2. ____________ machst du hier?

3. ____________ wohnt ihr?

Ⅴ. 다음 빈칸에 알맞은 전치사를 넣으시오.

1. Ich komme ____________ Korea.

2. Wohnen Sie ______ München?.

3. Eva wohnt ______ Frau Müller in Heidelberg.

4. Potsdam liegt ______ Berlin.

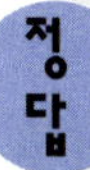

Ⅰ. 1. sie   2. sie   3. du   4. ihr   5. Er

Ⅱ. 1. bin   2. Bist   3. bist   4. sind   5. ist

     6. sind   7. seid

Ⅲ. 1. -t   2. -st   3. -e   4. -t   5. -en

     6. -en   7. -t   8. -t   9. -en   10. -t

Ⅳ. 1. Woher   2. Was   3. Wo

Ⅴ. 1 aus   2. in   3. bei   4. bei

5 Ich heiße Susanne Schmidt

Guten Tag. Ich heiß*e* Susanne Schmidt.
구텐　탁　이히　하이쌔　주잔내　슈미트

Entschuldigung, wie bitte? Wie heiß*en* Sie?
앤트슐-디궁　　비-　비태　비-　하이쌘　지-

Susanne, Susanne Schmidt. Ich bin Schülerin.
주잔내　　주잔내　슈미트　이히　빈　슐-러린

Guten Tag, Susanne. Ich heiß*e* Min-gi Kim.
구텐　탁　주잔내　이히　하잇세　민기　킴

Ich bin Schüler.
이히　빈　슐-러

Min-gi, was machst du?
민기　　봣스　막흐스트　두-

Ich lerne Deutsch.
이히　레르내　도이취

Wie find*est* du Deutsche?
비-　핀대스트　두-　도이쉐

Ich finde *sie* sehr nett.
이히　핀대　지-　제-어　내트

안녕하세요, 저는 주잔내 슈미트라고 합니다.
실례합니다. 뭐라고 그러셨지요? 이름이 어떻게 되지요?
주잔내예요, 주잔내 슈미트입니다. 저는 학생이예요.
안녕, 주잔내. 나는 김민기 라고 해.
나는 학생이야.
민기, 너는 무엇을 하니?
나는 독일어를 배우고 있어.
민기, 너는 독일인들을 어떻게 생각하니?
나는 그들을 친절하다고 생각해.

단어 익히기 

- der Tag
  데어 타-ㄱ
  날 guten Tag 안녕하세요.(낮 인사)

- die Entschuldigung
  디   앤트슐-디궁
  실례, 미안

- wie
  비-
  어떻게

- bitte
  비태
  실례지만, 저 … 좀(공손한 표현임)

- wie bitte?
  비-   비태
  "뭐라고 하셨지요?"

- heißen
  하이쌘
  … 라고 불리우다

- der Schüler
  데어   슐-러
  학생(초·중·고교생) [대학생 der Student]

- die Schülerin
  디   슐-러린
  (여)학생

- was
  봣스
  무엇

- machen
  막헌
  하다

- finden
  핀댄
  생각하다

- Deutsche
  도이췌
  독일인(복수형)

- sehr
  제-어
  아주, 몹시, 대단히

- nett
  내트
  친절한, 상냥한, 좋은

문법 따라잡기 

1. 동사의 변화 Ⅱ

단 수				복 수			
ich	heiß*e*	arbeit*e*	find*e*	wir	heiß*en*	arbeit*en*	find*en*
du	heiß*t*	arbeit*est*	find*est*	ihr	heiß*t*	arbeit*et*	find*et*
Sie	heiß*en*	arbeit*en*	find*en*	Sie	heiß*en*	arbeit*en*	find*en*
er/sie/es	heiß*t*	arbeit*et*	find*et*	sie	heiß*en*	arbeit*en*	find*en*

1) 동사의 어간이 -s, -sch, -ß, -z 등이면 단수 2인칭(du)의 동사어미
   -st의 's'는 생략한다.

   ich heiß -e   du heiß -(s)t   er heiß -t

* *reisen* 여행하다

  ich reis*e*   du reis*t*   er reis*t*
  이히 라이재   두- 라이스트   애어 라이스트

Du tan*zt* gut.   너는 춤을 잘 추는구나.
두- 탄츠트 구-ㅌ

Anne reis*t* oft.   안네는 자주 여행을 한다.
  안내 라이스트 오프트

2) 동사의 어간이 -d 또는 -t로 끝나면 단수 2인칭, 3인칭 그리고 복수
   2인칭에서 모음 e를 추가하고 어미변화 한다 :

antworten 대답하다   arbeiten 일하다, 공부하다   finden 생각하다, 찾다   warten 기다리다   heißen (이름이) … 다, … 라고 불리다 …

Find*est* du Berlin schön?
핀대스트 두- 베얼린- 쇠-ㄴ

너는 베를린을 아름답다고 생각하니?

Arbeit*et* ihr fleißig?
아르바이태트 이어 플라이씨히

너희들은 열심히 공부하니?

Wart*et* er noch?
봐르태트 에어 녹흐

그가 아직도 기다리니?

Herr Olsen arbeitet *bei* AEG.
해어 올젠 아르바이태트 바이 아에게

올젠 씨는 아에게 회사에서 근무한다.

2. 인칭대명사 4격

	1인칭	2인칭		3인칭			1인칭	2인칭		3인칭
1격	ich	du	Sie	er	sie	es	wir	ihr	Sie	Sie
3격	mir	dir	Ihnen	ihm	ihr	ihm	uns	euch	Ihnen	ihnen
4격	**mich**	**dich**	**Sie**	**ihn**	**sie**	**es**	**uns**	**euch**	**Sie**	**Sie**

명사를 다시 언급할 때, 그 명사를 다시 언급하지 않고 흔히 인칭대명사를 이용하여 쓴다.

Wie finden Sie das *Bild* hier?
비- 핀댄 지- 다스 빌트 히어

여기 이 그림을 어떻게 생각합니까?

Ich finde *es* gut.
이히 핀대 애스 구-ㅌ

저는 이 그림을 좋다고 생각합니다.

Wie findest du *die Tasche* hier?
비- 핀대스트 두- 디 탓쉐 히어

여기 이 가방을 어떻게 생각하니?

Ich finde *sie* schön.
이히 핀대 지- 쇠-ㄴ

나는 그 가방을 예쁘다고 생각해.

Wie findest du *den Hut*?
비- 핀대스트 지- 덴 후트

너는 이 모자를 어떻게 생각하니?

Ich finde *ihn* gut.
이히 핀대 이-ㄴ 구-ㅌ

나는 그 모자가 좋은 것 같아.

Wie findest du *Deutsche*? 비- 핀데스트 두- 도이췌	너는 독일인들을 어떻게 생각하니?
Ich finde *sie* nett. 이히 핀데 지 내트	나는 그들을 친절하다고 생각해.
Suchen Sie *den Kuli* hier? 죽헌 지- 덴 쿨-리 히어	여기 이 볼펜을 찾는 중입니까?
Nein, ich suche *ihn* nicht. 나인 이히 주ㄱ해 이-ㄴ 니히트	아니오, 저는 그것을 찾고 있는 게 아니예요.

3. W- 의문문

Wo wohnen Sie? 보- 보-낸 지-	당신은 어디서 사십니까?
Wo wohnt Herr Beimer? 보- 보-ㄴ트 해어 바이머	바이머 씨는 어디에 살고 있나요?
Wo arbeitet Frau Beimer? 보- 아르바이태트 프라우 바이머	바이머 부인은 어디서 근무합니까?
Woher kommen Sie? 보-해어 콤맨 지-	어디서 오셨습니까?
Wie findet ihr München? 비- 핀대트 이어 뮌헨	너희들은 뮌헨을 어떻게 생각하디?
Wie heißen Sie? 비- 하이쌘 지-	성함이 어떻게 됩니까?
Was machst du? 봣스 막흐스트 두-	너는 무슨 일/무엇을 하니?

4. 합성명사

die Wörter 낱말들 + das Buch 책 → **das Wörterbuch**(사전)[명사의 성은 두 번째 명사의 성을 따른다]

das Land 땅 + die Karte 카드 → **die Landkarte**(지도)

der Winter 겨울 + die Nacht 밤	⇒	die Winternacht 겨울밤
das Telefon 전화 + das Buch 책	⇒	das Telefonbuch 전화번호부
das Foto 사진 + das Geschäft 가게	⇒	das Fotogeschäft 사진관
der Regen 비 + der Schirm 낙하산	⇒	der Regenschirm 우산
das Gemüse 야채 + die Suppe 스프	⇒	die Gemüsesuppe 야채스프
das Papier 종이 + der Korb 바구니	⇒	der Papierkorb 휴지통
die Ansicht 광경 + die Karte 카드	⇒	die Ansichtskarte 그림엽서
die Speise 음식 + die Karte 카드	⇒	die Speisekarte 차림표
der Tag 날 + das Menü 정식	⇒	das Tagesmenü 오늘의 정식
die Hand 손 + die Tasche 가방	⇒	die Handtasche 핸드백
die Kinder 어린이들 + der Garten 정원	⇒	die Kindergarten 유치원
⋮		⋮
fahren 가다 + die Karte 표	⇒	die Fahrkarte 차표
schreiben 쓰다 + der Tisch 테이블	⇒	der Schreibtisch 책상

3 단계

표현 따라하기

1. 어디서…

Wo arbeiten Sie? 당신은 어디서 근무합니까?
보- 아르바이탠 지-

Ich arbeite bei BMW.
이히 아르바이태 바이 베엠붸

저는 베엠붸에서 근무합니다.

Er arbeitet fleißig.
에어 아르바이태트 플라이씨히

그는 부지런히 일합니다.

Arbeitest du fleißig?
아르바이태스트 두- 플라이씨히

너는 열심히 공부하니?

Arbeitet ihr noch?
아르바이태트 이어 녹흐

너희들은 아직 공부하고 있니?

2. 이름이 어떻게 되요?

Wie heißen Sie?
비- 하이쌘 지-

성함이 어떻게 되십니까?/이름이 뭐죠?

— Ich heiße Peter Olsen
이히 하이쌔 페터 올잰

저는 페터 올젠이라고 합니다.

Hallo, ich heiße Yongmin.
할로, 이히 하이쌔 용민

안녕, 난 용민이라고 해.

Wie heißt du?
비- 하이쓰트 두-

네 이름은 뭐니?

Wie heißt er?
비- 하이쓰트 애어

그 사람 이름이 뭐니?

— Er heißt Boris.
애어 하이쓰트 보리스

그는 보리스라고 해.

Wie heißt du?
비- 하이쓰트 두-

네 이름이 뭐니?

— Ich heiße Antonio.
이히 하이쌔 안토-니오

내 이름은 안토니오야.

Wie ist Ihr Name?　　　　　　　당신의 이름은 무엇입니까?
비 - 이스트 이어 나 - 매

Wie heißen Sie mit Vornamen?　[보통 부르는] 이름이 무엇입니까?
비 -　하잇샌　지　밑　포어나맨

Wie ist Ihr Vorname?　　　　　[보통 부르는] 이름이 무엇입니까?
비 - 이스트 이어　포어나매

Entschuldigung, wie heißen Sie?　죄송합니다. 당신의 이름은
앤트슐디궁,　　　　비 -　하잇샌　지　어떻게 됩니까?

Entschuldigen Sie, wie war Ihr Name?　죄송합니다. 성함이 뭐라고
앤트슐디갠　　　지　비 -　바 이어　나매　하셨지요?

Wie war der Name noch einmal?　성함을 한 번 더 말씀해
비 -　바 대어　나매　녹흐　아인말　주시겠습니까?

Wie schreibt man Ihren Familiennamen?　성(姓)씨의 철자는
비 -　슈라입트　만 이어랜　파밀리언나 - 맨　어떻게 되나요?

Ich heiße Kim.　　　　　　　제 이름은 김이라고 합니다.
이히　하잇새　김

Ich bin Kim.　　　　　　　저는 김입니다.
이히　빈　킴

Mein Name ist Kim.　　　　제 이름은 김입니다.
마인　나 - 매 이스트 킴

Mein Vorname ist Hong-Mi.　제 이름은 홍미입니다.
마인　포어나 - 매 이스트　홍미

Kim ist mein Familienname.　김은 성입니다.
킴 이스트 마인　　파밀리언나 - 매

Park ist mein Nachname.　박은 성입니다.
박 이스트 마인　나 - ㄱ흐나 - 매

Das ist Han-gu Lee.　　　이쪽은 이 한구 입니다.
다스 이스트　한구　리

3. 어떻게 생각합니까?

Wie finden Sie *das Bild* hier?
비- 핀댄 지- 다스 빌트 히어

여기 이 그림을 어떻게 생각하십니까?

— Oh, ich finde *es* schön.
오 이히 휜대 애스 쇠-ㄴ

오, 아주 멋지군요.

Wie finden Sie *die Bluse* hier?
비- 핀댄 지- 디 블루재 히어

여기 이 블라우스를 어떻게
생각하십니까?

— Ich finde sie schön.
이히 핀대 지- 쇠-ㄴ

아주 예쁜데요.

Wie finden Sie *den Mann* da?
비- 핀댄 지- 덴 만 다-

저기 저 남자를 어떻게 생각하십니까?

— Ich finde *ihn* nett.
이히 핀대 이-ㄴ 내트

좋은 사람인 것 같아요.

Wie findest du *die Ansichtskarten*?
비- 핀대스트 두- 디 안지히츠카르탠

너는 이 그림엽서들을
어떻게 생각하십니까?

— Ich finde *sie* prima.
이히 핀대 지- 프리-마

아주 좋은데.

4. 실례합니다.

• Entschuldigung!
앤트슐디궁

죄송합니다.

• Entschuldigen Sie, bitte!
앤트슐디갠 지- 비태

죄송합니다.

• Verzeihung!
패어차이웅

죄송합니다.

• Verzeihen Sie, bitte!
패어차이언 지- 비태

죄송합니다.

- Pardon!
  파 - 동!

  죄송합니다.

- Ich bitte Sie um Verzeihung!
  이히 비태 지 - 움 패어차이웅

  미안합니다.

- Es tut mir Leid.
  애쓰 투드 미 - 어 라이트

  미안합니다.

- Tut mir Leid.
  투트 미 - 어 라이트!

  미안해.

【사과를 받아주는 표현】

- Bitte sehr!
  비태 제 - 어

  괜찮습니다.

- Bitte schon!
  비태 쇠 - ㄴ

  괜찮습니다.

- Keine Ursache!
  카이내 우어작해

  괜찮습니다.

- Schadet nichts!
  샤대트 니힛츠

  괜찮습니다.

- Macht nichts.
  막흐트 니힛츠

  괜찮습니다.

- Das macht doch nichts.
  다스 막흐트 독흐 니힛츠

  괜찮습니다.

- Mir macht es nichts aus.
  미 - 어 막흐트 애쓰 니힛츠 아웃스

  저는 상관없어요.

⊙ 유감 표현

- Es ist schade!
  애스 이스트 샤 - 대

  유감입니다.

- Schade!
  샤 - 대

  유감입니다.

- Das ist aber schade!　　　　　　정말 유감이군요.
  다스 이스트 아-버　샤-대

- Es tut mir Leid!　　　　　　유감입니다.
  애스 투트 미어　라이트

- Er tut mir wirklich Leid!　　　그분은 정말 안됐군요.
  애어 투트 미어　비르클리히　라이트

- Tut mir Leid!　　　　　　유감입니다.
  투트 미어　라이트

- Das ist schlimm.　　　　　안됐습니다.
  다스 이스트　슐림

- Das ist schrecklich.　　　안됐습니다.
  다스 이스트　슈랙클리히

- Das ist aber schade.　　　정말 유감입니다.
  다스 이스트 아-버　샤-대

4 단계

문제 풀기

Ⅰ. 다음 빈칸에 알맞은 동사어미를 넣으시오.

1. Anne arbeit____ fleißig.

2. Arbeit______ Sie fleißig?

3. Wir find______ Münster schön.

4. Find________ du Seoul schön?

5. Wie heiß____ der Schüler?

6. Ich heiße Maria Schulte. Wie heiß____ du?

7. Wie find______ ihr Berlin?

8. Susanne reis______ viel.

9. Der Schüler fragt und der Lehrer antwort______.

10. Wart______ er noch da?

II. 다음 빈칸에 알맞은 의문사를 넣으시오.

1. __________ heißt der Mann?

2. __________ kommen Sie?

3. __________ wohnen Sie?

4. __________ finden Sie Berlin?

5. __________ machen Sie hier?

III. 다음 빈칸에 알맞은 인칭대명사를 넣으시오.

1. Wie finden Sie den Mann da? – Ich finde ________ nett.

2. Wo arbeitet Herr Müller? – ______ arbeitet bei Siemens.

3. Suchen Sie die Tasche hier? – Ja, danke, ich suche ________.

4. Wie findest du das Bild? – Ich finde ________ schön.

5. Wie finden Sie Deutsche? – Ich finde ________ nett.

Min-gi hat einen Computer

Min-gi hat *einen* Computer.
민기　하트　아이낸　콤퓨-터

민기는 컴퓨터를 한 대 갖고 있다.

Der Computer funktioniert
데어　콤퓨-터　풍치오니어트

sehr gut.
제-어 구-ㅌ

그 컴퓨터는 아주 잘 작동한다.

Was möchten Sie?
봐스　뫼히탠　지-

무엇을 원하십니까?

Ich möchte *einen* Ordner.
이히　뫼히태　아이낸　오르드너

저는 바인더 한 개를 원합니다.

Ist *der* hier richtig?
이스트 데어 히어 리히티히

여기 이것이 맞습니까?

Nein, *er* ist zu dick.
나인　에어 이스트 추　딕

아니오, 그것은 너무 두툼합니다.

Ich möchte *ein* Deutsch-
이히　뫼히태　아인　도이취-

저는 독-영 사전을 한 권 사려고 합니다.

Englisch Wörterbuch.
앵글리쉬　뵈르터부-흐

Ist *das* richtig?
이스트 다스　리히티히

이것이 맞습니까?

Nein, *es* ist zu klein.
나인　에스 이스트 추 클라인

아니오, 그것은 너무 작습니다.

Das sind Büroklammern.
다스　진트　뷰로-클라머른

이것들은 클립입니다.

Die brauche ich aber nicht.
디　브라우허　이히 아-버　니히트

아니오, 저는 그것들을 필요로 하지 않습니다.

단어 익히기

- **hat**
  하 - 트
  가지고 있다 ☞ haben

- **der Computer**
  데어　콤퓨 - 터
  컴퓨터

- **funktionieren**
  풍치오니에랜
  작동하다

- **sehr**
  제 - 어
  아주, 대단히, 몹시

- **was**
  봐스
  무엇

- **möchten**
  뫼히탠
  원하다

- **der Ornder**
  데어　오르드너
  파일정리철(바인더)

- **der**
  데어
  (지시대명사, 남성) 그것, 그 사람

- **richtig**
  리히티히
  옳은, 정확한, 맞는

- **zu**
  추 -
  너무

- **dick**
  딕
  두꺼운, 두툼한

- **Deusch**
  도이취
  독일어

- **Englisch**
  앵글리쉬
  영어

- **das Wörterbuch**
  다스　뵈르터부 - 흐
  사전

- **das**
  다스
  (지시대명사, 중성) 그것

- **groß**
  그로쓰
  큰

- **die Büroklammer,-n**
  디　　뷰로-클라머
  (문구용) 클립(-n은 복수형 어미)

- **aber**
  아-버
  그러나

- **brauchen**
  브라욱헌
  (…을) 필요로 하다

문법 따라잡기

1. 4격 목적어 : 타동사가 올 때는 대부분 4격목적어를 취한다.
   ☞ Lektion3

Er hat *einen* Computer.
에어 하-트 아이낸　　콤퓨-터
그는 컴퓨터 한 대를 갖고 있다.

Anne möchte *einen* Kuli.
안내　　뫼히태　　아이낸　쿨-리
안네는 볼펜을 한 자루 사고 싶어합니다.

Ich brauche *ein* Buch.
이히　브라욱허　아인 부-흐
나는 책이 한 권 필요하다.

Renate hat *eine* Tasche.
레나태　하-트 아이내　탓쉐
레나테는 가방을 한 개 갖고 있다.

Was kaufen Sie denn?
봐스　카우팬　지-　댄
무엇을 사는데요?

Ich kaufe *einen* Bleistift und *ein* Heft.
이히 카우패　아이낸 블라이슈티프트 운트 아인 해프트
저는 연필 한 자루와 공책 한 권을 삽니다.

Ich brauche *einen* Kuli.
이히   브라욱허   아이낸 쿨 - 리

나는 볼펜 한 자루가 필요합니다.

* möchten 동사는 "…하고 싶다"라는 말로서 영어의 would you like라는 말과 같다. 단수 1인칭과 3인칭의 어미변화가 같다(möchte)

Veronika möchte *eine* Cola.
베로니카   뫼히테   아이내 콜 - 라

베로니카는 콜라 한잔 마시고 싶어한다.

2. haben동사의 현재인칭변화

	단 수		복 수	
1인칭	ich	*habe*	wir	*haben*
2인칭	du	*hast*	ihr	*habt*
	Sie	*haben*	Sie	*haben*
3인칭	er/sie/es	*hat*	sie	*haben*

Ich *habe* einen Füller.
이히   하 - 배   아이낸   퓰러

나는 만년필을 한 개 갖고 있다.

Hast du auch einen Füller?
하스트 두 - 아욱흐 아이낸   퓰러

너도 만년필을 갖고 있니?

Maria *hat* eine Uhr.
마리아 하 - 트 아이내 우 - 어

마리아는 시계가 있다.

Udo *hat* ein Handy.
우 - 도 하트 아인   핸디

우도는 핸드폰을 갖고 있다.

Katrin und Tobias, *habt* ihr Probleme?
카린   운트   토비아스   합트 이 - 어 프로블레 - 매

카트린과 토비아스, 너희들 문제 있니?

Haben Sie einen Computer?
하 - 밴 지 - 아이낸   콤퓨 - 터

컴퓨터를 갖고 있습니까?

— Ja, ich habe schon einen Computer.
야- 이히 하-배 숀 아이낸 콤퓨-터

예, 저는 이미 컴퓨터를
갖고 있습니다.

* haben 동사는 타동사이므로 목적어를 취한다. 따라서 목적어가 되는 명사의
격에 주의해야 한다.

3. 지시대명사

	m.	n.	f.	pl.
1격	**der**	**das**	**die**	**die**
4격	**den**	**das**	**die**	**die**

* 지시대명사는 특정관사와 형태가 같다. 지시대명사는 문장의 앞에 위치하는 특
징이 있다.

Ich möchte *einen* Ordner.
이히 뫼히태 아이낸 오르드너

저는 서류 정리철(바인더)을
하나 사고 싶습니다.

Ist *der* hier richtig?
이스트 데어 히어 리히티히

여기 이것이 맞습니까? (1격)

Nein, *der* ist zu dick.
나인 데어 이스트 추- 딕

아니오, 그것은 너무
두툼합니다. (1격)

Möchten Sie die Bluse hier?
뫼히탠 지- 디 블루-재 히어

여기 이 블라우스를
원하십니까?

— Nein, *die* brauche ich nicht.
나인 디 브라욱허 이히 니히트

아니오, 저는 그것이
필요하지 않습니다. (4격)

— Ja, *die* nehme ich. *Sie* ist sehr schön.
야, 디 네-매 이히 지- 이스트 제-어 쇠-ㄴ

예, 그것으로 주세요.
그것은 아주 예쁘네요.

* 쓰는 순서를 보면 일반명사는 그 다음에 지시대명사로 받고 이어서 인칭대명사
를 쓴다.

Möchten Sie *den* Mantel hier?

여기 이 외투를 원하십니까?

Nein, *den* nehme ich nicht.

아니오, 저는 그것을 사지 않겠어요. (4격)

Er ist zu lang.

그것은 너무 길어요. (인칭대명사)

* nehmen "이용하다, 사다, 주문하다, 타다" 등등 다양한 뜻을 지니는 동사이다.

Ich brauche *einen* Kuli.

나는 볼펜 한 자루가 필요합니다.

Der ist hier.

그것은 여기 있습니다. (1격)

Er ist praktisch.

이것은 실용적입니다.

Ich brauche *eine* Postkarte.

나는 우편엽서 한 장이 필요합니다.

Die ist hier.

그것은 여기 있습니다. (1격)

Sie ist schön.

그것은 예쁩니다.

3 단계

표현 따라하기

1. 무엇을 드릴까요?

Was möchten Sie?
봐스 뫼히탠 지-

무엇을 드릴까요?/원하십니까?

Was möchtest du?
봐스 뫼히태스트 두-

무엇을 원하니?

Möchten Sie den Mantel hier?
뫼히탠 지- 덴 만텔 히-어

여기 이 외투를 원하십니까?

Möchtest du den Kuli hier?
뫼히태스트 두- 덴 쿨-리 히-어

여기 이 볼펜을 원하니?

Ich möchte *ein* Deutsch-Englisch
이히 뫼히테 아인 도이취-앵글리쉬

Wörterbuch.
뵈르터부-흐

독–영 사전을
한 권 사고 싶습니다.

Ich möchte *ein* Buch.
이히 뫼히테 아인 부-흐

저는 책 한 권을
사고 싶습니다.

Ich möchte *einen* Kaffee.
이히 뫼히테 아이낸 카페

저는 커피를 한 잔
마시고 싶습니다.

Möchtest du Kaffee oder Tee?
뫼히태스트 두- 카페 오더 테-

커피 마실래 아니면
차 마실래?

2. 나는 컴퓨터가 하나 있다

Ich habe *einen* Computer.
이히 하-배 아이낸 컴퓨-터

나는 컴퓨터가 하나 있다.

Renate hat *eine* Tasche.
레나태 하-트 아이내 탓쉐

레나테는 가방을 한 개 갖고 있다.

Ich kaufe *einen* Bleistift und *ein* Heft.
이히 카우패 아이낸 블라이슈티프트 운트 아인 해프트

저는 연필 한 자루와
공책 한 권을 삽니다.

Ich brauche *einen* Kuli.
이히 브라욱허 아이낸 쿨-리

나는 볼펜 한 자루가
필요합니다.

3. 그것은 …

Ich habe *einen* Füller.
이히 하-배 아이낸 퓰러

나는 만년필 한 자루가 있다.

Der ist sehr gut.
데-어 이스트 제-어 구-ㅌ

그것은 아주 좋다.

Inge hat *ein* Fahrrad?
잉에 하-트 아인 파-라트

잉에는 자전거를 한 대 갖고 있다.

Das ist sehr neu.
다스 이스트 제-어 노이

그것은 나주 새 것이다.

Hat Monika eine Kamera?
하트　모니카　아이내　카메라

모니카는 카메라를 갖고 있니?

Ja, *die* hat sie schon.
야- 디 하-트 지-　손

응, 그 애는 그것을 이미 갖고 있어.

Ich möchte *einen* Ordner.
이히 뫼히태　아이낸 오르드너

저는 서류 정리철(바인더)을
하나 사고 싶습니다.

Ist *der* hier richtig?
이스트 데어 히어　리히티히

여기 이것이 맞습니까?

Nein, *der* ist zu dick.
나인　데어 이스트 추- 딕

아니오, 그것은 너무 두툼합니다.

Möchten Sie die Jacke hier?
뫼히탠　지- 디 야캐　히어

여기 이 블라우스를 원하십니까?

— Nein, *die* brauche ich nicht.
나인 디 브라욱허 이히 니히트

아니오, 저는 그것이
필요하지 않습니다.(4격)

— Ja, *die* nehme ich. *Sie* ist sehr schön.
야, 디 네-매 이히 지- 이스트 제-어 쇠-ㄴ

예, 그것으로 주세요.
그것은 아주 예쁘네요.

4 단계

문제 풀기

Ⅰ. 다음 빈칸에 haben 동사를 넣어 문장을 완성하시오.

1. Ich ____________ einen Computer.

2. ____________ du einen Kuli?

3. Wer ____________ eine Kamera?

4. ___________ Sie ein Wörterbuch?

5. Petra und Ingrid, _______ ihr Probleme?

Ⅱ. 다음 빈칸에 möchten 동사를 넣어 문장을 완성하시오.

1. Was __________ Sie, bitte?

2. Ich __________ einen Bleistift.

3. __________ du einen Kaffee?

4. Was __________ er denn?

5. __________ ihr Kaffee?

Ⅲ. 다음 빈칸에 알맞은 지시 대명사를 넣으시오.

1. Ich möchte einen Ordner.

    — Ist ________ hier richtig?

2. Ich möchte ein Deutsch-Englisch Wörterbuch.

    — Ist ________ richtig?

3. Das sind Büroklammern.

    — ________ brauche ich aber nicht.

4. Wo ist denn das Hany?

    — ________ ist hier.

5. Brauchen Sie den Kuli?

    — Nein, __________ brauche ich nicht.

Ⅳ. 다음 빈칸에 알맞은 불특정관사를 넣으시오.

1. Ich habe schon ______________ Wörterbuch.

2. Ich möchte __________ Heft.

3. Haben Sie __________ Kamera?

4. Haben Sie auch ______________ Computer?

5. Das ist ______________ Bleistift. Der Bleistift ist praktisch.

정답

Ⅰ. 1. habe   2. Hast   3. hat   4. Haben   5. habt
Ⅱ. 1. möchten   2. möchte   3. Möchtest
   4. möchte   5. möchtet
Ⅲ. 1. der   2. das   3. Die   4. Das   5. den
Ⅳ. 1 ein   2. ein   3. eine   4. einen   5. ein

Haben Sie heute Zeit?

Haben Sie heute Zeit?
하밴 지- 호이태 차이트

Nein, ich habe *keine* Zeit.
나인 이히 하-배 카이내 차이트

Oh, du hast einen Rasierer!
오 두- 하스트 아이낸 라지어러

Nein, das ist *kein* Rasierer.
나인 다스 이스트 카인 라지어러

Das ist ein Handy.
다스 이스트 아인 핸디

Haben Sie einen Drucker?
하-밴 지- 아이낸 드룩커

Nein, ich habe noch
나인 이히 하-배 녹흐

keinen Drucker.
카이낸 드룩커

Ich möchte bald *einen*.
이히 뫼히태 발트 아이낸

Ich brauche *eine* Postkarte.
이히 브라욱허 아이내 포스트카르태

Haben Sie *eine*?
하-밴 지- 아이내

오늘 시간 있습니까?

아니오, 저는 시간이 없습니다.

오, 너 면도기를 가지고 있구나!

아니야, 이것은 면도기가 아니야. 이것은

핸드폰이야.

프린터를 갖고 있습니까?

아니오, 저는 아직 프린터가 없습니다.

곧 하나를 장만하고 싶습니다.

저는 우편엽서가 하나 필요합니다.

하나 있습니까?

단어 익히기

- **haben**
  하 - 밴
  (…을) 가지고 있다

- **heute**
  호이태
  오늘

- **(die) Zeit**
  (디)　차이트
  시간

- **kein-**
  카인
  (부정의 불특정관사) 아닌,
  아무 것도 아닌

- **oh**
  오 -
  (감탄사) 오

- **der Rasierer -**
  데어　라지어러
  면도기

- **das**
  다스
  (지시대명사) 그것

- **das Handy, -s**
  다스　핸디
  핸드폰

- **der Drucker -**
  데어　드룩커
  프린터

- **noch**
  녹흐
  아직

- **bald**
  발트
  곧

- **einen**
  아이낸
  (불특정대명사. 남성 4격)
  (여기서는 자동차) 한 대

- **die Postkarte, -n**
  디　포스트카르태
  우편엽서

문법 따라잡기

1. 불특정관사의 부정형

	m.	n.	f.	pl.
1격	**kein**	**kein**	**keine**	**keine**
4격	**keinen**	**kein**	**keine**	**keine**

* 불특정관사 ein-에는 복수형이 없으나, kein-은 복수형이 있다.

Haben Sie Zeit?　　　　　　　　　　　시간 있어요?
하-밴　지-　차이트

Nein, ich habe *keine* Zeit.　　　　　아니오, 시간 없습니다.
나인　이히　하-배　카이내　차이트

* 원래 "시간"은 여성명사 die Zeit인데, 관사 없이 쓴다. 그러나 부정을 할 때는
원래 여성이니 여성의 관사를 넣는다.

Haben Sie noch eine Frage?　　　　　질문 또 있나요?
하-밴　지-　녹흐　아이내　프라-개

Nein, ich habe keine Frage mehr.　　아니오, 저는 더이상
나인　이히　하배　카이내　프라-개　메어　　질문 없습니다.

Das ist *kein* Buch. Das ist ein Heft.　이것은 책이 아니다.
다스 이스트 카인　　부-흐　　다스 이스트 아인 헤프트　그것은 공책이다.

* kein은 중성명사 Buch의 부정형이다.

Ich habe *keinen* Kuli.　　　　　　　내게는 볼펜이 없다.
이히　하배　　카이낸　쿨-리

Haben Sie Geschwister? 형제자매들이 있습니까?
하-밴 지- 개쉬비스터

Nein, ich habe *keine* Geschwister. 제게는 형제자매가
나인 이히 하배 카이내 개쉬비스터 없습니다.

* 불특정관사류의 긍정형에는 복수형태가 없으나 부정형은 keine이다.

Haben Sie einen Stadtplan? 시가 지도를 갖고 계십니까?
하-밴 지- 아이낸 슈타트플란

Nein, ich habe *keinen* Stadtplan. 아니오, 저는 시가지도를
나인 이히 하-배 카이낸 슈타트플란 갖고 있지 않습니다.

Hast du ein Handy? 너 핸드폰 있니?
하스트 두- 아인 핸디

— Nein, leider habe ich *kein* Handy. 아니, 유감스럽게도 없어.
나인 라이더 하-배 이히 카인 핸디

2. 불특정대명사

	m.	n.	f.	pl.
1격	**einer**	**eins**	**eine**	**welche**
4격	**einen**	**eins**	**eine**	**welche**

Ich habe keinen Füller. 나는 만년필이 없어.
이히 하-배 카이낸 퓰러

Hast du *einen*? 너는 만년필을 한개 갖고 있니?
하스트 두- 아이낸

Ich brauche ein Heft. 나는 공책 한권이 필요해.
이히 브라욱허 아인 헤프트

Hast du *eins*? 너 한 권 있니?
하스트 두- 아인스

Ich brauche eine Postkarte.
이히　브라욱허　아이내　포스트카르태

저는 우편엽서가 필요합니다.

Haben Sie *eine*?
하-밴　지-　아이내

엽서 한 장 있습니까?

Hast du Büroklammern?
하스트 두-　뷰로-클라머른

너 클립 좀 있니?

Ja, ich habe *welche*.
야-　이히　하-배　밸해

응, 있어.

Ich möchte einen Kuli.
이히　뫼히태　아이낸 쿨-리

나는 볼펜을 한 개 사고 싶어요.

Was kostet *einer*?
봐스　코스태트　아이너

볼펜 한 자루가 얼마죠?

— Der hier 1 Euro.
데어　히-어 아이낸 오이로

여기 이것은 1 유로입니다.

Ich brauche ein Heft.
이히　브라욱허　아인 헤프트

나는 공책 한권이 필요해.

Kein Problem. Ich habe *eins*.
카인　프로블램　이히　하-배 아인스

문제없어. 내가 공책이 하나 있어.

Hast du einen Bleistift?
하스트 두-　아이낸 블라이슈티프트

너 연필 있니?

Ja, ich habe *einen*.
야　이히　하-배　아이낸

응 있어.

3. ja, nein 대답하기

	m.	n.	f.	pl.
1격	**keiner**	**keins**	**keine**	**keine**
4격	**keinen**	**keins**	**keine**	**keine**

Ich brauche *ein* Heft. Hast du *eins*?
이히 브라욱허 아인 해프트 하스트 두- 아인스

나는 공책 한권이 필요해.
너 한 권 있니?

Nein, ich habe *keins*.
나인 이히 하-배 카인스

아니, 없어.

Hast du *einen* Zirkel?
하스트 두- 아이낸 치르캘

너 콤파스 갖고 있니?

Nein, ich habe *keinen*.
나인 이히 하-배 카이낸

아니, 없어.

Hast du vielleicht *eine* Schere?
하스트 두- 필라이히트 아이내 쉐-래

너 혹시 가위 갖고 있니?

Nein, ich habe *keine*.
나인 이히 하-배 카이내

아니 난 가위가 없어.

Hast du Postkarten?
하스트 두- 포스트카르탠

우편엽서들 좀 갖고 있니?

Nein, ich habe *keine*.
나인 이히 하-배 카이내

아니, 없어.

3 단계

표현 따라하기 

Haben Sie heute Zeit?
하-밴 지- 호이태 차이트

오늘 시간 좀 있습니까?

Nein, ich habe *keine* Zeit.
나인 이히 하-배 카이내 차이트

아니오, 저는 시간이 없습니다.

Anne hat *keine* Zeit.
안네 하-트 카이내 차이트

안네는 시간이 없다.

Sie hat *keinen* Kuli.
지- 하-트 카이낸 쿨-리

그녀는 볼펜을 갖고 있지 않다.

Sie hat *kein* Etui.   그녀는 필통을 갖고 있지 않다.
지- 하-트 카인 에투이

Sie hat heute *keine* Probleme.   그녀는 오늘 아무 문제들이 없다.
지- 하-트 호이태 카이내 프로블레-메

* die Zeit 시간, der Kuli 볼펜,   das Etui 필통, die Probleme 문제들(das
   Problem 문제)

Peter hat *keinen* Bruder.   페터에게는 남자 형제가 없다.
페-터 하트 카이낸 브루-더

Peter hat keine Schwester.   페테에게는 누이가 없다.
페-터 하트 카이내 슈베스터

Peter hat keine Geschwister.   페터에게는 형제자매가 없다.
페-터 하트 카이내 개슈비스터

Haben Sie Hunger?   배가 고파요?
하-밴 지- 훙어

Nein, ich habe *keinen* Hunger.   아니오, 저는 배 안고파요.
나인 이히 하-배 카이낸 훙어

Haben Sie eine Freundin?   (여자) 친구 있습니까?
하-밴 지- 아이내 프로인딘

Nein, ich habe noch *keine* Freundin.   아니오, 저는 아직 없어요.
나인 이히 하-배 녹흐 카이내 프로인딘

Trinken Sie Bier?   맥주를 마십니까?
트링캔 지- 비-어

Nein, ich trinke *kein* Bier.   아니오, 저는 맥주를
나인 이히 트링캐 카인 비-어   안 마십니다.

Essen Sie Schokolade?   초콜릿을 먹습니까?
애쌘 지- 쇼콜라-대

Nein, ich esse *keine* Schokolade.   아니오, 저는 초콜릿을
나인 이히 애쌔 카이내 쇼콜라-대   안 먹습니다.

Haben Sie Kinder?   자녀들이 있습니까?
하-밴 지- 킨더

Nein, ich habe *keine* Kinder.
나인　히이　하-배　카인　킨더

아니오, 저는 자식이 없어요.

Ich habe leider *keinen* Wagen.
이히　하-배　라이더　카이낸　봐-갠

유감스럽게도 내겐
자동차가 없어.

Haben Sie einen Bleistift?
하-밴　지-　아이낸　블라이슈티프트

연필을 갖고 있나요?

— Ja, ich habe *einen*.
야　이히　하-배　아이낸

예, 있습니다.

Hast du eine Schere?
하스트　두-　아이내　쉐-래

너 가위 갖고 있니?

— Ja, ich habe *eine*.
야　이히　하-배　아이내

응, 있어.

Hast du noch ein Heft?
하스트　두-　녹흐　아인　헤프트

너 공책 한 권 더 있니?

— Ja, ich habe *eins*.
야　이히　하-배　아인스

응, 있어.

Haben Sie Büroklammern?
하-밴　지-　뷰로-클라머른

문구용 클립 있습니까?

Ja, ich habe *welche*.
나인　이히　하-배　밸해

예, 있습니다.

Haben Sie eine Postkarte?
하-밴　지-　아이내　포스트카르태

우편엽서 한 장 있어요?

Nein, ich habe *keine*.
나인　이히　하-배　카이내

아니오, 없습니다.

Hast du einen Bonbon?
하스투　두-　아이낸　봉봉

너 사탕 하나 있니?

Nein, ich habe *keinen*.
나인　이히　하-배　카이낸

아니, 없어.

Hast du Bonbons?
하스투 두- 봉봉스

너 사탕 있니?

Nein, ich habe *keine*.
나인 이히 하-배 카이내

아니, 없어.

Hast du einen Radiergummi?
하스투 두- 아이낸 라디어구미

너 지우개 있니?

Nein, ich habe *keinen*.
나인 이히 하-배 카이낸

아니, 없어.

4 단계

문제 풀기

1. Haben Sie Zeit? – Nein, ich habe ___________ Zeit

2. Hast du einen Kuli? – Ja, ich habe ___________.

3. Ich brauche eine Postkarte. Was kostet ___________.

4. Möchtest du ein Buch? – Nein, ich mochte ___________ Buch.

5. Hast du ein Handy? – Nein, ich habe ___________.

6. Haben Sie Postkarten? – Ja, ich habe ___________.

7. Haben Sie Postkarten? – Nein, ich habe ___________.

8. Ich möchte einen Bleistift. Was kostet ___________ ?

9. Ich habe keinen Fuller. Hast du ___________ ?

10. Anne hat kein Etui. Sie möchte ___________.

Ⅰ. 1. keine   2. keinen   3. eine   4. kein   5. keins
6. welche   7. keine   8. einer   9. einen   10. eins

Yong-gil *fährt* nach Berlin.

Yong-gil *fährt* zum Bahnhof.
　　　용길　　패ー르트　춤흐　바ーㄴ호프

Er *nimmt* einen ICE.
에어　님트　아이낸 이체에

Der Zug fährt nach Berlin.
데어　추ーㄱ 패-르트　낙흐　베얼리-ㄴ

Der Zug *hält* in Köln und Hannover jeweils drei Minuten.
데어　추ーㄱ　핼트　인　쾰른　운트　　하노퍼　　예ー봐일스 드라이　미누-탠

Yong-gil *spricht* gut Deutsch.
　　용길　　슈프리히트 구ーㅌ　도이취

Er kauft eine Zeitung.
에어 카우프트 아이내　차이퉁

Während der Fahrt *liest* er die Zeitung.
뵈랜트　　데어　파-르트 리-스트 에어 디　　차이퉁

Im Speisewagen *isst* er ein Käsebrot und trinkt einen Saft.
임　　슈파이재봐ー갠　　이스트 에어 아인　캐-재브로-트　운트　트링크트　아이낸　자프트

용길이는 역으로 갑니다.
그는 이체에(ICE) 기차를 탑니다.
그 기차는 베를린으로 갑니다.
그 기차는 쾰른과 하노버에서 각각 3분씩 정차합니다.

용길이는 독일어를 잘 합니다.
그는 신문을 하나 삽니다.
기차를 타고 가는 동안 그는 신문을 읽습니다.
식당객차에서 그는 치즈 빵을 먹고 주스를 한잔 마십니다.

단어 익히기

- **fahren**
  파 - 랜
  (교통수단을 타고) 가다

- **zum**
  (전치사 zu + dem = zum) …로

- **der Bahnhof**
  데어　바 - ㄴ호프
  기차역

- **nehmen**
  네 - 맨
  이용하다 (er nimmt)

- **der ICE**
  데어 이체에
  고속열차 InterCity Express의 약자

- **der Zug**
  데어 추 - ㄱ
  기차

- **nach**
  낙흐
  …로(방향표시 전치사)

- **halten**
  할탠
  정차하다

- **in**
  인
  (전치사) …에서

- **und**
  운트
  (접속사) 그리고

- **jeweils**
  예 - 봐일스
  각각

- **drei**
  드라이
  삼, 3

- **die Minute, -n**
  디　미누 - 태
  분(시간)

- **sprechen**
  슈프레햰
  말하다

- **während**
  뵈 - 랜트
  …하는 동안에(2격지배 전치사)

- **die Fahrt**
  디 파 - 르트
  운행

· lesen 레-잰	읽다
· die Zeitung 디 차이퉁	신문
· der Speisewagen 데어 슈파이제봐갠	식당차(기차의 식당)
· essen 에쌘	먹다
· das Käsebrot 다스 캐-제브로-트	치즈 빵
· trinken 트링캔	마시다
· der Saft 데어 자프트	주스

문법 따라잡기 

1. 강변화 동사의 인칭변화

	a → ä			e → i		e → ie		*예외
	fahren	halten	laden	spreche	essen	lesen	sehen	nehmen
ich	fahre	halte	lade	spreche	esse	lese	sehe	nehme
du	*fährst*	*hältst*	*lädst**	spr*ich*st	*isst*	*liest*	*siehst*	*nimmst*
Sie	fahren	halten	laden	sprechen	seeen	lesen	sehen	nehmen
er/sie/es	*fährt*	*hält**	*lädt**	spr*ich*t	*isst*	*liest*	*sieht*	*nimmt*
wir	fahren	halten	laden	sprechen	essen	lesen	sehen	nehmen
ihr	fahrt	haltet	ladet	sprecht	esst	lest	seht	nehmt
Sie	fahren	halten	laden	sprechen	essen	lesen	sehen	nehmen
sie	fahren	halten	laden	sprechen	essen	lesen	sehen	nehmen

단수 2인칭(du)과 3인칭(er, sie, es)에서는 동사어간의 모음이 변한다;

1) a → ä로 변하는 경우

※ halten 동사는 3칭 단수에서 어미 -et가 붙지 않는다.

※ laden 동사는 2인칭, 3인칭 단수에 어미 e가 붙지 않고 -st와 -t만 온다.

Wo hält der Zug?
보- 핼트 데어 추-ㄱ

이 기차는 어디서 정차합니까?

— Er hält in Köln.
에어 핼트 인 쾰른

이 기차는 쾰른에서 정차합니다.

Wohin *fährt* der Zug?
보-힌 패-르트 데어 추-ㄱ

이 기차는 어디로 갑니까?

— Er *fährt* nach Berlin.
에어 패-르트 낙흐 베얼리-ㄴ

베를린으로 갑니다.

Schläfst du noch nicht?
슐래프스트 두- 녹흐 니히트

너는 아직 안 자니?

Udo trägt einen Hut.
우도 트랙트 아이낸 후-트

우도는 모자를 쓰고 있다.

2) e → i로 변하는 경우

Essen Sie gern Pizza?
에쌘 지- 개른 피차

당신은 피자를 즐겨드십니까?

Martin *isst* immer hier.
마르틴 이쓰트 임머 히어

마르틴은 늘 여기서 식사한다.

Was *isst* du gern?
봐스 이쓰트 두- 개른

너는 무엇을 즐겨먹니?

Esst ihr auch Eis?
에쓰트 이-어 아욱흐 아이스

너희들도 아이스크림 먹니?

Min-gu *spricht* gut Deutsch.
민구 슈프리히트 구-ㅌ 도이취

민구는 독일어를 잘 한다.

Sprecht ihr Koreanisch?
슈프레히트 이-어 코레아니쉬

너희들 한국말 하니?

Hilfst du deiner Mutter?
힐프스트 두- 다이너 무터

너는 어머니를 도와드리니?

※ du isst를 issst로 하지 않는다: essen 동사의 어간이 iss로 바뀐 것에 du의 동사어미 -st가 가야 하는데, 이 경우 어간 자음이 -s, -sch, -z 등의 잇소리로 끝나면 동사어미 -st의 's'가 탈락한다.

※ helfen(돕다) 동사는 3격지배 동사이다.

3) e → ie로 변하는 경우

Ich lese ein Buch.
이히 레-재 아인 부-흐

나는 책을 읽는 중이야.

Du *liest* ein Buch.
두 리-스트 아인 부-흐

너는 책을 읽는다.

Was *liest* du?
봐스 리-스트 두-

너는 무엇을 읽고 있니?

* du lies [어간]+st [어미]인데, 어간이 s이면 동사어미 -st의 's'가 탈락한다..

Petra *liest* die Zeitung.
페트라 리-스트 디 차이퉁

페트라는 신문을 읽는다.

Dolores *sieht* draußen.
돌로래스 지-트 드라우쌘

돌로레스가 밖을 내다본다.

2. 3격 지배 전치사 zu

Ich fahre *zum* Bahnhof.
이히 파-래 춤 바-ㄴ호프

나는 역으로 간다.

Der Bus fährt *zum* Rathaus.
데어 부스 패-르트 춤 라트하우스

이 버스는 시청으로 간다.

Wie komme ich *zum* Bahnhof?
뷔- 콤매 이히 춤 바-ㄴ호프

역으로 가는 길이
어떻게 됩니까?

Wie komme ich *zur* Post?
뷔- 콤매 이히 추어 포스트

우체국으로 가는 길이
어떻게 됩니까?

Ich gehe *zur* Schule.
이히 게-애 추어 슐래

나는 학교에 간다.

Kommst du mal *zu* mir?
콤스트 두- 말- 추- 미어

나한테 좀 올래?

Wie komme ich *zu* dir?
뷔- 콤매 이히 추- 디어

너한테 가려면 어떻게
가야 하니?

* zum = zu dem   zur = zu der

3. 2격지배 전치사

(an)statt …대신에, wegen …때문에, trotz …에도 불구하고,
während …하는 동안에

Während der Fahrt liest er die Zeitung.
(차를 타고)가는 도중에 그는 신문을 읽는다.

Trozt des Regens spielen wir Fußball.
비가 오는데도 우리는 오늘 축구를 한다.

Wegen der Prüfung lerne ich heute fleißig.
시험 때문에 나는 오늘 열심히 공부한다.

Anstatt eines Kaffees möchte ich einen Tee.
나는 커피 대신에 차 한 잔을 마시고 싶다.

* 위의 전치사들은 2격 지배 전치사이므로 전치사 다음에 오는 명사 die Fahrt 는 der Fahrt로, der Regen은 des Regens, die Prüfung은 der Prüfung, ein Kaffee는 eines Kaffees가 되었다. 특정관사와 불특정관사의 2격이 쓰인 것이다.

※ 남성명사와 중성명사의 2격을 표시할 때 특정관사 des나 불특정관사 eines 다음에 오는 명사의 어미에 -(e)s가 온다.

die Mutter *des* Kind*es*　　　　저 아이의 어머니
디　　무터　데스　킨대스

der Vater *des* Freund*es*　　　　저 친구의 아버지
데어　파터　데스　프로인대스

der Ranzen *des* Schüler*s*　　　　저 학생의 가방
데어　란챈　데스　슐러스　　　　（초등학생의 등에 메는 가방）

Während des Unterricht*s* fragt der Lehrer die Schüler.
봬-랜트　데스　운터리히츠　프릭드　데어　레-러　디　슐-러
수업 중에 선생님이 학생들에게 질문한다.

Trotz der Prüfung spielt er immer noch.
트로츠　데어　프뤼-풍　슈필-트 에어　임머　녹흐
시험인데도 그는 여전히 놀고 있다.

Wegen der Hausaufgaben frage ich den Lehrer.
붸-갠　데어　하우스아우프가-밴　프라개　이히　덴　레-러
숙제 때문에 나는 선생님께 질문한다.

Wegen des Kind*es* kommt die Mutter.
베-갠　데스　킨데스　콤트　디　무터
그 아이 때문에 어머니가 왔다.

Anstatt eines Helm*s* trägt er nur eine Mütze.
안슈타트　아이내스　헬름스　트랙트 에어　누어 아이내　뮈채
그는 헬멧대신 차양모자만 쓰고 있다.

표현 따라하기 

1. 어디 가십니까?

Wohin fahren Sie?
보힌　파-랜　지-

어디 가십니까?

Ich fahre nach Berlin.
이히 파-래　낙흐　베얼리-ㄴ

저는 베를린에 갑니다.

Wohin fährst du?
보힌　패-르스트 두-

너 어디가니?

Ich fahre nach Hamburg.
이히 파-래　낙흐　함부르크

나 함부르크에 가.

Ich fahre nach Haus.
이히 파-래　낙흐　하우스

나 집에 가.

Wohin fährst du?
보힌　패-르스트 두-

너 어디 가니?

Ich fahre zum Bahnhof.
이히 파-래　춤　바-ㄴ호프

나 역에 가.

2. 이 가차 베를린으로 갑니까?

Fährt der Zug nach Berlin?
패-르트 데어 추-ㄱ 낙흐 베얼리-ㄴ

이 가차는 베를린으로 갑니까?

Nein, er fährt nach Hamburg.
나인, 에어 패-르트 낙흐　함부르크

아니오, 함부르크로 갑니다.

Fährt der Bus zum Bahnhof?
패-르트 데어 부스 춤　바-ㄴ호프

이 버스 역으로 갑니까?

Fährt der Bus zum Rathaus?
패-르트 데어 부스 춤　라-트하우스

이 버스 시청으로 갑니까?

Fährt der Bus zur Universität?　　이 버스 대학으로 갑니까?
패-르트 데어 부스 추어　우니버지태-트

3. 나는 역에 간다.

Ich fahre zum Bahnhof.　　나는 역에 간다.
이히 파-래　춤　　바-ㄴ호프

Er fährt zum Bahnhof.　　그는 역에 간다.
에어 패-르트 춤　　바-ㄴ호프

Ich gehe zur Schule.　　나는 학교에 간다.(걸어서 가다)
이히 게-애 추어　슐-래

Ich fahre zur Schule.　　나는 학교에 간다.(타고 가다)
이히 파-래 추어　슐-래

4. 그는 기차를 이용한다.

Er nimmt den Zug.　　그는 기차를 탄다.
에어　님트　덴　추-ㄱ

Er nimmt den Bus.　　그는 버스를 이용한다.
에어　님트　덴　부스

Er nimmt ein Taxi.　　그는 택시를 이용한다.
에어　님트　아인　탁시

5. 기차가 하노버에서 정차한다.

Der Zug hält in Hannover.　　기차는 하노버에서 정차한다.
데어 추-ㄱ 핼트 인　　하노-퍼

Hält der Zug in Köln?　　이 기차 쾰른에서 정차합니까?
핼트　데어 추-ㄱ 인 쾰른

Wie lange hält der Zug in Düsseldorf?　　기차는 뒤셀도르프에서
비-　랑애　핼트 데어 추-ㄱ 인　　뒤셀도르프　　얼마동안 정차합니까?

6. 이 버스 역전에서 서요?

Hält der Bus am Bahnhof?   이 버스 역전에서 서요?
핼트 데어 부스 암 바-ㄴ호프

Hält der Bus am Rathaus?   이 버스 시청 앞에서 서요?
핼트 데어 부스 암 라-트하우스

* am=an+dem. 전치사 an은 3격지배 전치사이다.

7. 독일어를 구사하세요?

Sprechen Sie Deutsch?   독일어를 구사하십니까?
슈프랫현 지- 도이취

— Ja, aber nur ein bisschen.   예, 그렇지만 조금만 합니다.
야 아-버 누어 아인 비쓰핸

Sprichst du Englisch?   너 영어하니?
슈프리히스트 두- 앵글리쉬

— Ja, ich spreche gut Englisch.   응, 나는 영어를 잘 해.
야 이히 슈프렛해 구-ㅌ 앵글리쉬

Spricht Anneliese Französisch?   아넬리-제는 프랑스어를
슈프리히트 아넬리-재 프란최-짓쉬   구사하니?

— Ja, aber sie lernt noch.   응, 그렇지만 아직
야, 아-버 지- 레른트 녹흐   배우는 중이야.

8. 무엇을 즐겨 드세요?

Was essen Sie gern?   무엇을 즐겨 드십니까?
봐스 애쌘 지- 게른

Ich esse gern Pizza.   저는 피자를 즐겨 먹습니다.
이히 애쌔 게른 핏차

Was isst du gern?
밧스 잇스트 두- 게른

— Ich esse gern Salat.
이히 앳쌔 게른 잘라-트

너는 무엇을 즐겨 먹니?
뭐 먹는 것 좋아하니?

나는 샐러드를 잘 먹어.

Liest du gern Krimis?
리-스트 두- 게른 크리미-스

— Nein, ich lese keine Krimis.
나인 이히 레-재 카이내 크리미-스

Ich lese lieber einen Liebesroman.
이히 레-재 리-버 아이낸 리-배스로만-

너 탐정소설을 즐겨 읽니?

아니, 나는 탐정소설을 안 읽어.

나는 연애소설 읽는 것을
더 좋아해.

Was liest du?
밧스 리-스트 두-

— Ich lese ein Buch.
이히 레-재 아인 북흐

무엇을 읽고 있니?

책 읽어.

9. 나는 샐러드를 먹고 싶어.

Ich möchte einen Salat.
이히 뫼히태 아이낸 잘라-트

나는 샐러드를 먹고 싶어.

Ich möchte gern einen Kaffee.
이히 뫼히태 게른 아이낸 카페-

나는 커피를 한잔 하고 싶다.

Ich möchte gern eine Pizza.
이히 뫼히태 게른 아이내 핏차

나는 피자를 먹고 싶다.

Ich möchte ein Glas Wasser.
이히 뫼히태 아인 글라쓰 밧써

나는 물 한잔을 마시고 싶어.

Ich möchte eine Flasche Saft.
이히 뫼히태 아이내 플랏쉐 자프트

난 주스 한 병 마시고/사고 싶어.

10. 역으로 가는 길이 어떻게 되지요?

Wie komme ich zum Bahnhof? 역으로 가는 길이 어떻게 되지요?
비- 콤매 이히 춤 바-ㄴ호프

Wie komme ich zum Rathaus? 시청으로 가는 길이 어떻게 되지요?
비- 콤매 이히 춤 라-트하우스

Wie komme ich zur Post? 우체국으로 가는 길이 어디입니까?
비- 콤매 이히 추어 포스트

Wie komme ich zu dir? 너한테 가려면 어떻게 가야하니?
비- 콤매 이히 추- 디어

Wie komme ich zu Ihnen? 당신에게/선생님께 가려면
비- 콤매 이히 추- 이-낸 어떻게 가야 합니까?

4 단계

문제 풀기

Ⅰ. 주어진 단어를 이용하여 문장을 완성하시오.

1. Wohin __________ du? (fahren)

2. __________ der Zug nach München? (fahren)

3. __________ du auch den Bus? (nehmen)

4. Wie lange __________ der Zug in Köln? (halten)

5. __________ du auch Deutsch? (sprechen)

6. Was __________ du gern? (essen)

7. Was __________ du? (lesen)

8. __________ ihr die U-Bahn? (nehmen)

9. Was __________ ihr denn? (essen)

10. Dolores _______ auch draußen. (sehen)

Ⅱ. 주어진 단어를 이용하여 문장을 완성하시오.

1. Hans __________ gern Eis. (essen)

2. Was __________ du gerade? (lesen)

3. Maria __________ gut Englisch. (sprechen)

4. Andreas __________ heute Abend das Fußballspiel. (sehen)

5. Wann __________ du? (schlafen)

6. Wie lange __________ man zur Universität? (fahren)

7. __________ du denn keine Zeitug? (lesen)

8. Er __________ mir einen Kuli. (geben)

9. Er __________ uns sehr. (helfen)

10. Anna __________ ein Taxi. (nehmen)

Ⅲ. 다음 빈칸에 알맞은 전치사를 넣으시오.

1. Ich fahre _______ Hamburg.

2. Fährst du _______ Haus?

3. Fährt der Bus _______ Bahnhof?

4. Der Zug hält _______ Köln.

5. Wie komme ich _______ Post?

6. Wie komme ich _______ dir?

(an)statt, trotz, während, wegen

1. __________ der Fahrt liest er die Zeitung.

2. __________ der Prüfung spiele ich heute nicht.

3. __________ der Prüfung spielt er immer noch.

4. __________ des Unterrichts fragt er die Schüler.

5. __________ eines Helms trägt er eine Mütze.

정답

Ⅰ.
1. fährst   2. Fährt   3. Nimmst   4. hält   5. Sprichst
6. isst   7. liest   8. Nehmt   9. esst   10. sieht

Ⅱ.
1. isst   2. liest   3. spricht   4. sieht   5. schläfst
6. fährt   7. liest   8. gibt   9. hilft   10. nimmt

Ⅲ.
1. nach   2. nach   3. zum   4. in   5. zur   6. zu

Ⅳ.
1. Während   2. Wegen   3. Trotz
4. Während   5. (An)statt

9

Er ist 17 Jahre alt.

Das ist Margret Miller.
다스 이스트 마-그레트 밀러

Sie ist Engländerin.
지- 이스트 앵글랜더린

Sie kommt aus London und ist Sekretärin.
지- 콤트 아웃스 론돈 운트 이스트 제크레태-린

Sie wohnt in Berlin, Alte Gasse 92.
지- 보-ㄴ트 인 베얼리-ㄴ 알태 가쎄 츠바이운트노인치히

Sie ist 25 Jahre alt und ledig.
지- 이스트 퓬프운트츠반치히 야-래 알트 운트 레디히

Das ist Antonio Montinari.
다스 이스트 안토-니오 몬티나-리

Er ist Italiener.
에어 이스트 이탈리에-너

Er kommt aus Rom.
에어 콤트 아웃스 롬

Er lernt Deutsch und wohnt in Hamburg.
에어 레른트 도이취 운트 보-ㄴ트 인 함부르크

Er ist 17 Jahre alt.
에어 이스트 지-ㅍ체-ㄴ 야-래 알트

이 사람은 마-그레트 밀러입니다
그녀는 영국인입니다.
그녀는 런던에서 왔으며 비서입니다.
그녀는 베를린, 알테 가쎄 92번지에 살고 있습니다.
그녀는 25세이며 미혼입니다.

이 사람은 안토니오 몬티나리입니다.
그는 이탈리아인입니다.
그는 로마에서 왔습니다.
그는 독일어를 배우고 있으며 함부르크에서 살고 있습니다.
그는 17살입니다.

단어 익히기 

- die Engländerin
  디　　앵글랜더린
  영국인(여자)

- die Sekretärin
  디　제크레태-린
  비서(여자)

- wohnen
  보-낸
  살다, 거주하다

- Alte Gasse
  알태　　가쌔
  [지명이름, '옛 골목길'이란 뜻의 고유명사]

- Jahre
  야-래
  (das Jahr의 복수형) 년, 살(나이)

- alt
  알트
  늙은, 오래된

- ledig
  레디히
  미혼의

- der Italiener
  데어　이탈리에-너
  이탈리아인

- lernen
  레르낸
  배우다

문법 따라잡기 

1. 직업, 직위, … 나라 사람을 표시할 때는 관사를 쓰지 않는다.

Er ist Italiener.
에어 이스트 이탈리에-너

그는 이탈리아인입니다.

Er ist ein Italiener.(x)

Sie ist Engländerin.
지 - 이스트　앵글랜더린

그녀는 영국인입니다.

Sie ist Sekretärin.
지 - 이스트 제그레태 - 린

그녀는 비서입니다.

Ich bin Schüler.
이히　빈　슐 - 러

나는 학생입니다.

Er ist Student.
에어 이스트 슈투덴트

그는 대학생입니다.

* 독일인(남자)　Deutscher
　　　　　　　　도이춰

독일인(여자)　Deutsche
　　　　　　　도이춰

프랑스인(남자)　Franzose
　　　　　　　프란초 - 재

프랑스인(여자)　Französin
　　　　　　　프란최 - 진

중국인(남자)　Chinese
　　　　　　　히네 - 재

중국인(여자)　Chinesin
　　　　　　　히네 - 진

2. 문장성분의 생략

1) 주어의 생략

Sie kommt aus London und ist Sekretärin.
지 -　콤트　아웃스　론돈　　운트 이스트 제크레태 - 린

그녀는 런던에서
왔으며 비서입니다.

* und 다음에 sie를 더 넣지 않는다. 주어가 같기 때문이다.
* 그러나 동사는 양쪽이 kommt와 ist로 서로 다르기 때문에 생략하지 않는다.

Er lernt Deutsch und wohnt in Hamburg.
에어 레른트　도이취　운트 보 - ㄴ트 인　함부르크

그는 독일어를 배우고
있고 함부르크에서 산다.

2) **동사의 생략** : 주어가 같고 동사도 같을 때 둘 다 생략한다.

Sie ist 25 Jahre alt und ledig.　　　　그녀는 25살이고 미혼이다.
지 - 이스트 퓬프운트츠반치히 야 - 래 알트 운트 레디히

* ledig 앞에는 sie ist가 생략된 것이다.

3. 숫자

0 null	눌	10 zehn	체-ㄴ	20 zwanzig	츠반치히
1 eins	아인스	11 **elf**	앨프	21 einundzwanzig	아인운트츠반치히
2 zwei	츠바이	12 **zwölf**	츠뵐프	22 zweiundzwanzig	츠바이운트츠반치히
3 drei	드라이	13 dreizehn	드라이체-ㄴ	30 drei*ßig*	드라이씨히
4 vier	피어	14 vierzehn	피어체-ㄴ	40 vierzig	피어치히
5 fünf	퓬프	15 fünfzehn	퓬프체-ㄴ	50 fünfzig	퓬프치히
6 sechs	잭스	16 *sechzehn*	재히체-ㄴ	60 *sech*zig	재히치히
7 sieben	지-밴	17 *siebzehn*	지-ㅍ체-ㄴ	70 *sieb*zig	지-ㅍ치히
8 acht	아흐트	18 achtzehn	아흐체-ㄴ	80 achtzig	아흐치히
9 neun	노인	19 neunzehn	노인체-ㄴ	90 neunzig	노인치히

* 21~99까지는 〈일의 자리 수+und+십의 자리 수〉로 쓴다.

* 16을 sechszehn, 17을 siebenzehn 쓰지 않는다.

66	sechsundsechzig	잭스운트재히치히
93	dreiundneunzig	드라이운트노인치히
100	(ein)hundert	(아인)훈대르트
101	hundert*eins*	훈대르트아인스
111	hundertelf	훈대르트앨프
200	zweihundert	츠바이훈대르트
201	zweihunderteins	츠바이훈대르트아인스
220	zweihundertzwanzig	츠바이훈대르트츠반치히

Ich bin 16 Jahre alt.　　　　　　　　　나는 16살입니다.
이히　빈　재히체-ㄴ 야-래 알트

Wie alt sind Sie?　　　　　　　　　　당신은 몇 살입니까?
비-　알트 진트 지-

Ich bin 17 Jahre alt.　　　　　　　　　나는 17살입니다.
이히　빈　지-ㅍ체-ㄴ 야-래 알트

Wo wohnen Sie?　　　　　　　　　　어디에 사십니까?
보-　보-낸 지-

Ich wohne in Berlin, Alte Gasse 92.　　　저는 베를린 알테 가쌔
이히　보-내　인 베얼리-ㄴ　알태 가쌔 츠바이운트노인치히　92번지에 살아요.

Wie viel ist 3 und 2?　　　　　　　　3 더하기 2는 몇입니까?
비-　피-ㄹ 이스트 드라이 운트 츠바이

— Drei und zwei ist fünf.　　　　　　3 더하기 2는 5입니다.
　　드라이　운트　츠바이 이스트 퓐프

Wie viel ist 6 plus 4?　　　　　　　　6 더하기 4는 몇입니까?
비-　피-ㄹ 이스트 잭스 플루스 피-어

— Sechs plus vier ist zehn.　　　　　　6 더하기 4는 10입니다.
　　잭스　플루스 피-어 이스트 체-ㄴ

Wie viel ist 7 weniger 4?　　　　　　7 빼기 4는 몇입니까?
비-　피-ㄹ 이스트 지-밴 베니거 피-어

— Sieben weniger vier ist drei.　　　　7 빼기 4는 3입니다.
　　지-밴　　베니거　피-어 이스트 드라이

Wie viel ist 7 minus 3?　　　　　　　7 빼기 3은 몇입니까?
비-　피-ㄹ 이스트 지-밴 미-누스 드라이

— Sieben minus drei ist vier.　　　　　7 빼기 3는 4입니다.
　　지-밴　미-누스 드라이 이스트 피-어

Wie viel ist 4 mal 2?　　　　　　　　4 곱하기 2는 얼마입니까?
비-　피-ㄹ 이스트 피-어 말- 츠바이

— Vier mal zwei ist acht.
피-어 말- 츠바이 이스트 아흐트

4 곱하기 2는 8입니다.

Wie viel ist 10 durch 5?
비- 피-ㄹ 이스트 체-ㄴ 두르히 퓐프

10 나누기 5는 얼마입니까?

— Zehn durch fünf ist zwei.
체-ㄴ 두르히 퓐프 이스트 츠바이

10 나누기 5는 2입니다.

Was kostet ein Stück Kuchen?
봐스 코스태트 아인 슈튁 쿠헌

케익 한 조각에 얼마입니까?

Das kostet 1,39 Euro.
다스 코스태트 아이낸 오이로 노인운트드라이씨히

1유로 39센트입니다.

Was kostet ein Kilo Bananen?
봐스 코스태트 아인 킬로 바나-낸

바나나 1킬로에 얼마입니까?

— 0,59 Euro.
노인운트퓐프치히 센트

59센트입니다.

Was kostet 200g Käse?
봐스 코스태트 츠바이훈대르트 그람 캐-재

치즈 200g에 얼마입니까?

— 1,80 Euro.
아이낸 오이로 아흐치히

1유로 80센트입니다.

표현 따라하기 

1. 몇 살입니까?

Wie alt sind Sie?
비- 알트 진트 지-

몇 살입니까?

Ich bin 18 Jahre alt.
이히 빈 아흐체-ㄴ 야-래 알트

나는 18살입니다.

Wie alt ist Inge?
비 - 알트 이스트 잉애

잉에는 몇 살입니까?

Sie ist 16 Jahre alt.
지 - 이스트 재히체 - ㄴ 야 - 래 알트

그 애는 16살입니다.

Wie alt ist Kai?
비 - 알트 이스트 카이

카이는 몇 살입니까?

Er ist 21 Jahre alt.
애어 이스트 아인운트츠반치히 야 - 래 알트

그는 21살입니다.

Wie alt ist Herr Schmidt?
비 - 알트 이스트 해어 슈미트

슈미트 씨는 몇 살입니까?

Er ist 30 Jahre alt.
애어 이스트 드라이씨히 야 - 래 알트

그는 30살입니다.

2. 몇 입니까?

Wie viel ist drei *und* vier?
비 - 피 - ㄹ 이스트 드라이 운트 피 - 어

3 더하기 4는 얼마입니까?

Drei und vier ist sieben.
드라이 운트 피 - 어 이스트 지 - 밴

3 더하기 4는 7입니다.

Wie viel ist acht *und* neun?
비 - 피 - ㄹ 이스트 드라이 운트 피 - 어

8 더하기 9는 얼마입니까?

Acht und neun ist siebzehn.
아흐트 운트 노인 이스트 지 - ㅍ체 - ㄴ

8 더하기 9는 17입니다.

Wie viel ist acht *weniger* zwei?
비 - 피 - ㄹ 이스트 아흐트 베니거 츠바이

8 빼기 2는 얼마입니까?

Acht weniger zwei ist sechs.
아흐트 베니거 츠바이 이스트 잭스

8 빼기 2는 6입니다.

Wie viel ist zwei *mal* fünf?
비 - 피 - ㄹ 이스트 츠바이 말 - 퓐프

2 곱하기 5는 얼마입니까?

Zwei mal fünf ist zehn.
츠바이 말 - 퓐프 이스트 체 - ㄴ

2 곱하기 5는 10입니다.

Wie viel ist neun *durch* drei?
비 - 피 - ㄹ 이스트 노인 두르히 드라이

9 나누기 3은 얼마입니까?

Neun durch drei ist drei.
노인 두르히 드라이 이스트 드라이

9 나누기 3은 3입니다.

3. 직업/ ⋯ 나라 사람

Ich bin Schüler.
이히 빈 슐 - 러

나는 학생입니다.

Helene ist Studentin.
헬레 - 네 이스트 슈투덴 - 틴

헬레네는 대학생/여대생입니다.

Markus ist Student.
마르쿠스 이스트 슈투댄트

마르쿠스는 대학생입니다.

Herr Schmidt ist Lehrer.
해어 슈미트 이스트 레 - 러

슈미트 씨는 교사입니다.

Ich bin Koreaner.
이히 빈 코레아 - 너

나는 한국인입니다.

Rolland ist Deutscher.
롤란트 이스트 도이춰

롤란트는 독일인입니다.

Sylvia ist Deutsche.
질비 - 아 이스트 도이춰

질비아는 독일인입니다

Dickens ist Amerikaner.
디킨스 이스트 아메리카 - 너

디킨스는 미국인입니다.

문제 풀기

Ⅰ. 다음 숫자를 읽으시오.

3 __________	15 __________	105 __________
6 __________	12 __________	302 __________
5 __________	16 __________	413 __________
1 __________	13 __________	567 __________
4 __________	11 __________	673 __________
2 __________	66 __________	714 __________
8 __________	89 __________	168 __________
7 __________	98 __________	951 __________
9 __________	54 __________	213 __________
10 __________	37 __________	333 __________

Ⅱ. 다음 숫자를 읽으시오.

1. Wie viel kostet ein Stück Kuchen? - Das kostet 1,39 Euro.

2. Was kosten zwei Äpfel? - Sie kosten 2,20 Euro.

3. Was kostet 100g Käse? - 1,40 Euro.

4. Was kostet eine Fahrkarte nach Berlin? - 96 Euro.

5. Anne wohnt in Düsseldorf, Heinestraße 11.

0. Ich komme aus Korea. Ich bin Koreanerin.

1. Herr Wang kommt aus China. Er ist __________ .

2. Sopie kommt aus Frankreich. Sie ist __________ .

3. Antonio kommt aus Italien. Er ist __________ .

4. Ito kommt aus Japan. Er ist __________ .

5. Frau Miller kommt aus England. Sie ist __________ .

정답

Ⅰ.

3 drei	15 fünfzehn	105 (ein)hundertfünf
6 sechs	12 zwölf	302 dreihundertzwei
5 fünf	16 sechzehn	413 vierhundertdreizehn
1 eins	13 dreizehn	567 fünfhundertsiebenundsechzig
4 vier	11 elf	673 sechhundertdreiundsiebzig
2 zwei	66 sechsundsechzig	714 siebenhundertvierzehn
8 acht	89 neunundachtzig	168 hundertachtundsechzig
7 sieben	98 achtundneunzig	
	951 neunhunderteinundfünfzig	
9 neun	54 vierundfünfzig	213 zweihundertdreizehn
10 zehn	37 siebenunddreißig	333 dreihundertdreiunddreißig

Ⅱ.

1. einen Euro neununddreißig   2. zwei Euro zwanzig

3. hundert Gramm, einen Euro vierzig

4. sechundneunzig.   5. elf

Ⅲ.

1. Chinese.   2. Französin.   3. Italiener

4. Japaner   5. Engländerin

Wie spät ist es jetzt?

Wie spät ist es jetzt?
비- 슈패트 이스트 애스 얘츠트

Es ist 1 Uhr.
애스 이스트 아인 우-어

Um wie viel Uhr beginnt der Unterricht?
움 비- 피-ㄹ 우-어 배긴트 데어 운터리히트

Um 9 Uhr.
움 노인 우-어

Wie lange dauert der Unterricht?
비- 랑애 다우어트 데어 운터리히트

Der Unterricht dauert 50 Minuten.
데어 운터리히트 다우어트 퓬프치히 미누-탠

Wann hast du Unterricht?
반- 하스트 두- 운터리히트

Von 9 bis 2.30 Uhr.
폰- 노인 비스 츠바이 우어 드라이씨히

Wann beginnt der Film?
반 팽트 데어 필름

Um Viertel nach acht.
움 피어탤 낙흐 아흐트

지금 몇 시입니까?
한 시입니다.
수업은 몇 시에 시작합니까?
9시에요.

수업은 얼마나 걸리니?

수업은 50분 걸려.
너는 언제 수업이 있니?
9시부터 2시 반까지 수업이야.

영화는 언제 시작합니까?
8시 15분에 시작합니다.

단어 익히기 

- **wie**
  비-

  얼마나

- **spät**
  슈패트

  늦은

- **es**
  애스

  [비인칭 주어]

- **jetzt**
  얘츠트

  지금

- **Uhr**
  우-어

  시 (시계는 die Uhr)

- **um**
  움

  … 시(時)에

- **viel**
  피-ㄹ

  많은

- **beginnen**
  배긴낸

  시작하다

- **der Unterricht**
  데어   운터리히트

  수업

- **lange**
  랑애

  오랜, 긴

- **dauern**
  다우어른

  (시간이) 걸리다

- **die Minute**
  디   미누-태

  분

- **wann**
  반-

  언제

- **haben**
  하-밴

  가지고 있다, … 이 있다

- **von**
  폰

  … 부터(전치사)

- **bis** ··· 까지 (전치사)
  비스

- **anfangen** 시작하다
  안팡앤

- **der Film** 영화
  데어 필름

- **das Viertel** 15분, 1/4
  다스   피어탤

- **nach** ··· 으로, ··· 후에
  낙흐

문법 따라잡기

1. 시간읽기

	공식적인 표현	일상적인 표현
1시	(Es ist) ein Uhr. 애스 이스트 아인 우어	
1.05	ein Uhr fünf. 아인 우어 퓬-프	fünf nach eins. 퓬프 낙흐 아인스
1.10	ein Uhr zehn. 아인 우어 체-ㄴ	zehn nach eins. 체-ㄴ 낙흐 아인스
1.15	ein Uhr fünfzehn. 아인 우어 퓬프체-ㄴ	Viertel nach eins. 피어탤 낙흐 아인스
1.30	ein Uhr dreißig. 아인 우어 드라이씨히	halb zwei. 할프 츠바이
1.45	ein Uhr fünfundvierzig. 아인 우어 퓬프운드피어치히	Viertel vor zwei. 피어탤 포어 츠바이
1.55	ein Uhr fünfundfünfzig. 아인 우어 퓬프운트퓬프치히	fünf vor zwei. 퓬프 포어 츠바이

* Das ist eine Uhr.　　　이것은 시계입니다.

Es ist ein Uhr.　　　한 시입니다.

> 1.55　Uhr - Es ist fünf [분] ***vor*** zwei [시].
>
> 2.05　Uhr - Es ist fünf [분] ***nach*** zwei [시].

* 분 다음에는 전치사 vor(전), nach(후)를 넣는다.

6.20 - Es ist zwanzig ***nach*** sechs.
애스 이스트 츠반치히　낙흐　잭스

6.40 - (Es ist) zwanzig ***vor*** sieben.
애스 이스트 츠반치히　포어　지-밴

1.55 - Es ist fünf ***vor*** zwei.
애스 이스트 퓬프 포어　츠바이

0.12 - (Es ist) null Uhr zwölf.
애스 이스트　눌　우어　츠뵐프

20.53 - (Es ist) zwanzig Uhr dreiundfünfzig.
애스 이스트　츠반치히　우어　드라이운트퓬프치히

또는 (Es ist) sieben vor neun.
애스 이스트 지-밴　포어　노인

* 일상표현에서 15분은 Viertel 로 한다.

1.45 Uhr - Es ist Viertel ***vor*** zwei.
애스 이스트 피-어탤 포어　츠바이

2.45 Uhr - Es ist Viertel ***vor*** drei.
애스 이스트 피-어탤 포어　드라이

1.15 Uhr - Es ist Viertel ***nach*** eins.
애스 이스트 피-어탤　낙흐　아인스

2.15 Uhr - Es ist Viertel ***nach*** zwei.
애스 이스트 피-어탤　낙흐　츠바이

7.15 Uhr - Viertel ***nach*** sieben
피-어탤　낙흐　지-밴

* … 시 30분을 읽을 때는 〈halb + 다음 시간〉으로 읽는다 :

 9.30   - halb zehn

10.30   - halb elf

11.30   - halb zwölf

12.30   - halb eins

13.30/1.30 - halb zwei

14.30/2.30 - halb drei

15.30/3.30 - halb vier

Wann beginnt der Unterricht?
완   배긴트   데어   운터리히트

언제 수업이 시작됩니까?

— **Um neun Uhr.**
움   노인   우어

9시에요.

Um wie viel Uhr stehst du auf?
움   비 - 피 - ㄹ 우 - 어 슈테스트 두 - 아우프

너는 몇 시에 일어나니?

— **Ich stehe gegen 6.30 Uhr auf.**
이히   슈 - 태   게갠   할프 지 - 밴 아우프

나는 6시 30분경에 일어나.

Um wie viel Uhr fährst du zur Schule?
움   비 - 피 - ㄹ 우 - 어 패 - 르스트 두 - 추어 슐 - 래

너는 몇 시에 학교에 가니?

— **Um 7.30 Uhr.**
움   할프   아흐트

7시 반에.

2. von …bis… …부터 …까지

Von wann bis wann hast du Unterricht?
폰   본   비스   본   하스트 두 -   운터리히트

너는 언제부터 언제까지
수업이 있니?

Von 9 bis 3 Uhr nachmittags.
폰   노인 비스 드라이 우어   낙흐미탁스

9시부터 오후 3시까지야.

Von 9 bis 11 Uhr lerne ich Mathematik.

폰 노인 비스 앨프 우-어 래르내 이히 마테마틱

9시부터 11시까지
나는 수학을 배운다.

3. (시간이) … 걸린다

Der Unterricht beginnt um neun Uhr und dauert fünfzig Minuten.

데어 운터리히트 배긴트 움 노인 우-어 운트 다우어르트 퓬프치히 미누-탠

수업은 9시에 시작하고 50분 걸립니다.

* Wie lange *dauert* die Fahrt von Bochum nach Berlin?

비- 랑애 다우어르트 디 파-르트 폰 보쿰 낙흐 베얼리-ㄴ

보쿰에서부터 베를린까지 가는 데 얼마나 걸리나요?

— Es dauert etwa 4 Stunden.

애스 다우어르트 애트바 피-어 슈툰댄

약 4시간 걸립니다.

Es dauert eine Stunde.

애스 다우어르트 아이내 슈툰대

한 시간 걸립니다.

Es dauert zwei Stunde*n*.

애스 다우어르트 츠바이 슈툰댄

두 시간 걸립니다.

표현 따라하기

1. 지금 몇 시 입니까?

Wie spät ist es jetzt?

비- 슈패트 이스트 애스 얘츠트

지금 몇 시 입니까?

Wie spät haben Sie?
비- 슈패트 하-밴 지-

지금 몇 시 입니까?

Wie viel Uhr ist es jetzt?
비- 피-ㄹ 우-어 이스트 애스 얘츠트

지금 몇 시 입니까?

Wie viel Uhr haben Sie?
비- 피-ㄹ 우-어 하-밴 지-

지금 몇 시 입니까?

2. 언제

Wann beginnt der Unterricht?
봔 배긴트 데어 운터리히트

수업은 언제 시작합니까?

Wann beginnt der Film?
봔 배긴트 데어 필름

영화는 언제 시작합니까?

— Um Viertel nach sieben.
움 피어텔 낙흐 지-밴

7시 15분에 시작해요.

Wann beginnen die Ferien?
봔 배긴낸 디 페-리앤

방학은 언제 시작합니까?

Wann haben wir Ferien?
봔 하-밴 뷔어 쩨-리앤

우리는 방학이 언제입니까?

— Im Juli.
임 율-리

7월에요.

Um wie viel Uhr beginnt der Unterricht?
움 비- 피-ㄹ 우-어 배긴트 데어 운터리히트

수업은 몇 시에
시작합니까?

Um wie viel Uhr beginnt der Film?
움 비- 피-ㄹ 우-어 배긴트 데어 필름

영화는 몇 시에
시작합니까?

— Um 9 Uhr beginnt der Unterricht.
움 노인 우어 배긴트 데어 운터리히트

9시에 수업이
시작됩니다.

3. 얼마나 걸립니까?

Wie lange dauert der Unterricht?   수업은 얼마나 걸립니까?
비- 랑애 다우어트 데어 운터리히트

Der Unterricht dauert 50 Minuten.   수업은 50분 걸립니다.
데어 운터리히트 다우어트 퓬프치히 미누-탠

Wie lange dauert die Fahrt von Frankfurt nach Berlin?
비- 랑애 다우어트 디 파-르트 폰 베얼리-ㄴ 낙흐 프랑크푸르트

프랑크푸르트에서부터 베를린으로 가는데 얼마나 걸립니까?

Es dauert etwa 6 Stunden   대략 6시간 정도 걸립니다.
애스 다우어르트 애트바 잭스 슈툰댄

Wie lange braucht man von hier nach Hamburg?
비- 랑애 브라우흐트 만 폰 히어 낙흐 함부르크

Wie lange fährt der Zug bis Hamburg?
비- 랑애 패-프트 데어 추-ㄱ 비스 함부르크

함부르크까지 가는데 얼마나 걸립니까?

4단계

문제 풀기 

I. 다음 시간을 읽으시오.

1. Wie spät ist es? / Wie viel Uhr ist es?

   Es ist - ______________________________ (12.15)

   ______________________________ (12.45)

2. Um wie viel Uhr kommt ihr? / Wann kommt ihr?

   Um ______________________________ (10.45)

3. Wie spät ist es jetzt?

Es ist *halb* _____________________ (2.30)

4. Um wie viel Uhr beginnt das Fußballspiel?

(das Fußballspiel 축구경기)

Das beginnt um _____________________ Uhr (20.00)

5. 7.05 Uhr _____________________ .

6. 6.55 Uhr _____________________ .

7. Der Unterricht dauert 50 _____________ .

8. Die Fahrt von Köln bis Hannover dauert etwa drei _________ .

9. Wie spät ist es?

— Tut mir Leid, ich habe keine _____________ .

10. _____________ hast du Ferien?

Wann *fährt* der Zug nach Berlin *ab*?

Kiho fährt nach Berlin. Er bestellt eine Fahrkarte.
기호 패-르트 낙흐 베얼리-ㄴ 에어 배슈탤트 아이내 파-카르태

Wann *fährt* der Zug nach Berlin *ab*?
본 패-르트 데어 추-ㄱ 낙흐 베얼리-ㄴ 앞

Einen Moment, ich *sehe* im Fahrplan *nach*.
아이낸 모멘트 이히 제- 임 파-플란 낙흐

Um 10.13 Uhr *fährt* ein Zug *ab*.
움 체-ㄴ 우어 드라이첸 패-르트 아인 추-ㄱ 앞

Wann *kommt* der Zug in Berlin *an*?
본 콤트 데어 추-ㄱ 인 베얼리-ㄴ 안

Um 2.17 Uhr.
움 츠바이 우어 집체-ㄴ

O.K. Eine Fahrkarte zweiter Klasse nach Berlin, bitte.
오케이 아이내 파-카르태 츠바이터 클라쌔 낙흐 베얼리-ㄴ 비태

Einfach oder hin und zurück?
아인팍흐 오-더 힌 운트 추뤽

Einfach bitte.
아인팍흐 비태

96 Euro bitte.
잭스운트노인치히 오이로 비태

Der Zug *kommt* in Berlin *an*.
데어 추-ㄱ 콤트 인 베얼리-ㄴ 안

Kiho *steigt aus* und *verlässt* den Bahnhof.
기호 슈타익트 아웃스 운트 패어래쓰트 덴 바-ㄴ호프

기호는 베를린으로 간다. 그는 차표 한 장을 주문한다.

베를린행 기차가 언제 출발합니까?

잠깐만요, 운행표를 조사해보죠.

10시13분에 기차 한 편이 출발합니다.

기차가 언제 베를린에 도착합니까?

2시17분에요

좋습니다. 베를린행 2등석 표 한 장 주십시오.

편도입니까 아니면 왕복입니까?

편도로 주십시오.

96유로입니다.

기차가 베를린에 도착한다. 기호는 기차에서 내려 역을 떠난다.

단어 익히기

- **fahren**
  파 - 랜
  (차를 타고) 가다

- **nach**
  낙흐
  …로 (전치사)

- **bestellen**
  배슈텔랜
  주문하다

- **die Fahrkarte.**
  디　파 - 카르태
  차표

- **wann**
  봔
  언제

- **der Zug**
  데어　추 - ㄱ
  기차

- ***ab*fahren**
  앞파 - 랜
  출발하다

- **einen Moment**
  아이낸　모 - 맨트
  잠깐만(시간표시는 4격임)

- **der Fahrplan**
  데어　파 - 플란
  운행표

- ***nach*sehen**
  낙흐　제 - 앤
  조사해 보다

- **um**
  움
  …에(시간표시 전치사)

- ***an*kommen**
  안콤맨
  도착하다

- **O.K.**
  오케이
  오케이(좋아), in Ordnung이라고도 한다

- **zweite Klasse**
  츠바이태　클라쌔
  2등석

▪ einfach 아인팍흐	편도
▪ hin und zurück 힌 운트 추뤽	왕복
▪ der Euro 데어 오이로	유로(화)
▪ *aus*steigen 아웃스슈타이갠	하차하다
▪ *ver*lassen 패어라쌘	떠나다

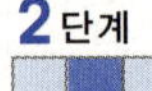

문법 따라잡기 

1. 분리동사

> ab-, an-, auf-, aus-, ein-, mit-, nach-, vor-, weiter-, zurück-,
> zusammen- …

* 분리동사의 접두사는 문장의 끝에 쓰고 강세가 붙는다.

Der Zug nach München *fährt* gleich ab.
데어 추-ㄱ 낙흐 뮌헨 패-어트 글라이히 앞
뮌헨행 기차가 곧 출발한다.

Der Zug *kommt an.*
데어 추-ㄱ 콤트 안
기차가 도착한다.

Man *steigt* in den Zug *ein.*
만 슈타익트 인 덴 추-ㄱ 아인
사람들이 기차에 탄다.

Man *steigt* in Berlin *aus.*
만 슈타익트 인 베얼리-ㄴ 아웃스
베를린에서들 내린다.

Wo *steige* ich *um*?
보- 슈타이개 이히 움

제가 어디서 갈아탑니까?

Wann *stehst* du morgens *auf*?
봔 슈테스트 두- 모르갠스 아우프

너는 아침에 언제 일어나니?

Ich *lade* dich *ein*.
이히 라대 딧히 아인

내가 너를 초대하는 거야.

Er *lädt* mich zum Geburtstag *ein*.
에어 래트 밋히 춤 게부어츠타-ㄱ 아인

그가 나를 생일에 초대한다.

Siehst du viel *fern*?
지-스트 두- 필 페른

너는 텔레비전을 많이 보니?

Kommst du auch *mit*?
콤스트 두- 아욱흐 미트

너도 같이 갈래?

Hast du morgem etwas *vor*?
하스트 두- 모르갠 애트바스 포-어

너 내일 무슨 계획 있니?

Tobias *schlägt* mir *vor*, aus*zu*gehen.
토비아스 슐랙트 미어 포-어 아웃스추-게언

토비아스가 내게
외출하자고 제안한다.

Wann *kommen* Sie wieder *zurück*?
봔 콤맨 지- 비-더 추튁

당신은 언제 다시
돌아올 겁니까?

♠ 단어정리

mitkommen 같이 가다
zurückkommen 돌아오다
aussteigen 하차하다
fernsehen 텔레비전을 보다
vorhaben 계획하다

abfahren 출발하다
einsteigen 승차하다
aufstehen 일어나다
einladen 초대하다
vorschlagen 제안하다

| 자주 쓰이는 분리동사 |

abfahren 출발하다
anrufen 전화하다
ausgehen 외출하다

ankommen 도착하다
aufstehen 일어나다
aussehen …처럼 보이다

einkaufen 사다, 구입하다
mitkommen 함께가다
zurückkommen 돌아오다

einladen 초대하다
vorschlagen 제안하다

2. 비분리동사

be-, emp-, ent-, er-, ge-, miss,- ver, zer-

* 비분리동사의 경우 접두사는 분리되지 않는 동사이며 강세가 오지 않는다.

Veronika *be*sucht Petra.
베로니카 배주흐트 페트라

베로니카는 페트라를 방문한다.

Wann *beginnt* der Unterricht?
반 배긴트 데어 운터리히트

수업은 언제 시작하니?

Ich *be*komme einen Brief.
이히 배콤매 아이낸 브리-프

나는 편지를 한 장 받았다.

Die Marktfrau *ver*kauft Kartoffeln.
디 마르크트프라우 패어카우프트 카르토펠른

시장 아주머니가 감자를 판매한다.

Ich *ver*stehe dich nicht.
이히 패어슈태 디히 니히트

난 네 말을 이해하지 못하겠어.

Die Leute *ver*lassen den Bahnhof.
디 로이태 패어라쌘 덴 바-ㄴ호프

사람들이 역을 떠납니다.
빠져 나갑니다.

자주 쓰이는 비분리동사

bekommen 받다, 얻다
entschuldigen 사과하다, 용서하다
erreichen 도달하다
gehören 속하다
verstehen 이해하다

bestellen 주문하다
bezahlen 지불하다
erhalten 받다, 얻다
erklären 설명하다
verlassen 떠나다

3. 장소표시 전치사

1) nach …로, …를 향하여

Ich fahre nach Berlin.　　　　　나는 베를린으로 간다.
이히 파-래　낙흐 베얼리-ㄴ

Frau Meier fährt nach Rom.　　마이어 부인은 로마에 갑니다.
프라우 마이어 패르트 낙흐 롬

Fahrt ihr nach Paris?　　　　너희들은 파리로 가니?
파-르트 이어 낙흐 파리-스

2) von …로 부터 / …에서 부터

Der Zug fährt *von* München nach Berlin.　　기차가 뮌헨에서부터
데어 추-ㄱ 패-르트 폰　　뮌헨　낙흐 베얼리-ㄴ　　베를린까지 간다.

Der Zug *von* München kommt gleich an.　　뮌헨발 기차가 곧
데어 추-ㄱ 폰　뮌헨　콤트 글라이히 안　　도착합니다.

Woher kommst du?　　　　어디 갔다 오니?
보-해어 콤스트 두-

Ich komme aus der Schule.　　학교에 갔다 와.
이히 콤매 아우스 데어 술-래

Ich komme von der Post.　　우체국에 다녀와.
이히 콤매 폰 데어 포스트

Ich komme gerade von der Bank.　　나는 방금 은행에
이히 콤매 게라-대 폰 데어 방크　　다녀오는 중이야.

Ich komme von zu Haus.　　나는 집에서 오는 중이야.
이히 콤매 폰 추 하우스　　(집에서 오는 거야.)

* von은 3격지배 전치사이다.

3) über …를 경유하여

Der Zug fährt von Köln *über* Hannover nach Berlin.
데어 추-ㄱ 패르트 폰   쾰른   위버   하노퍼   낙흐 베얼리-ㄴ

기차는 쾰른에서부터 하노버를 경유하여 베를린으로 갑니다.

4. 2격의 사용

* eine Fahrkarte zweit*er* Klasse   2등석 차표
  아이내 파-카르태   츠바이터   클라쌔

* eine Fahrkarte erst*er* Klasse   1등석 차표
  아이내 파-카르태   애어스터   클라쌔

zweit-는 차례수로서 '두 번째'라는 뜻이다. die Klasse의 여성명사 특정관사 2격은 der인데 관사가 없으면 형용사의 어미에 특정관사의 어미를 붙인다.

5. 시간표시- 4격

* 시간, 단위, 수량 등을 표시할 때는 4격을 사용한다.

Einen Moment!   잠깐만요.
아이낸   모맨트

Einen Augenblick!   잠깐만요.
아이낸   아우갠블릭

Der Kurs dauert *einen Monat.* 그 과정/코스는 한 달 걸린다.
데어 쿠어스 다우어르트 아이낸   모-나트

Wie lange fahren wir noch?   얼마나 더 갑니까?
비-   랑애   파-랜   뷔어   녹흐

— *Eine Stunde* noch.
아이내 슈툰대 녹흐

한 시간 더 갑니다.

Wie lange lernen wir noch?
비- 랑애 래르낸 뷔어 녹흐

우리가 얼마나 더 배웁니까?

— *Einen Monat* noch.
아이낸 모-나트 녹흐

한 달 더

Ein Jahr noch.
아인 야- 녹흐

1년 더

Ich kaufe *ein Stück* Kuchen.
이히 카우패 아인 쉬튁 쿠헌

나는 케이크 한 조각을 산다.

Ich kaufe *einen Kopf* Salat.
이히 카우패 아이낸 코프 잘라-트

나는 샐러드 한 통을 산다.

Ich trinke *eine Flasche* Saft.
이히 트링캐 아이내 플라쉐 자프트

나는 주스 한 병을 마신다.

Sie trinkt *ein Glas* Wasser.
지- 트링크트 아인 글라스 봐써

그 여자가 물 한 잔을 마신다.

Das kostet *einen Euro*.
다스 코스태트 아이낸 오이로

그것은 1유로입니다.

3 단계

표현 따라하기

1. 출발하다

Der Zug *fährt* von Frankfurt *ab*.
데어 추-ㄱ 패-르트 폰 프랑크푸르트 앞

기차는 프랑크푸르트에서 출발한다.

Wann *fährt* der Zug nach Berlin *ab*?
봔 패-르트 데어 추-ㄱ 낙흐 베얼리-ㄴ 앞

베를린행 기차가 언제 출발합니까?

Um wie viel Uhr *fährt* der Zug *ab*?　　기차는 몇시에 출발하지요?
움 비- 피-ㄹ 우-어 패-르트 데어 추-ㄱ 앞

2. 도착하다

Wann *kommt* der Zug in Berlin *an*?　　언제 기차가 베를린에
봔 콤트 데어 추-ㄱ 인 베얼리-ㄴ 안　　도착합니까?

Wann *kommst* du zu Hause *an*?　　너 언제 집에 도착하니?
봔 콤스트 두- 추- 하우재 안

— Um 8 Uhr.　　8시에.
움 아흐트 우-어

3. 조사해 보다, 확인하다

Ich sehe mal nach.　　제가 한 번 확인해 보겠습니다.
이히 제- 말 낙흐

Ich sehe im Fahrplan nach.　　제가 운행표를 조사해 보구요.
이히 제- 임 파-플란 낙흐

Maria sieht im Buch nach.　　마리아가 책을 조사해 본다.
마리아 지-트 임 부-흐 낙흐

4. 차표주문

Eine Fahrkarte zweiter Klasse nach Köln.　　쾰른행 2등석 표
아이내 파-카르태 츠바이터 클라쌔 낙흐 쾰른　　한 장 주세요.

Bitte zwei Fahrkarten zweiter Klasse.　　2등석 차표
비태 츠바이 파-카르탠 츠바이터 클라쌔　　두 장 주세요.

Bitte eine Karte zweiter Klasse!　　2등석 표 한 장 주세요.
비태 아이내 카르태 츠바이터 클라쌔

Marion *bestellt* eine Fahrkarte.
마리온　배슈탤트　아이내　파-카르태

마리온이 차표를
주문한다.

5. 승차/하차

Bitte *steigen* Sie *ein*!
비태　슈타이갠　지-　아인

승차하십시오.

Er *steigt* in Hannover *um*.
에어　슈타익트　인　하노-퍼　움

그는 하노버에서 갈아탄다.

Herr Kim *steigt* in München *aus*.
해어　킴　슈타익트　인　뮌헨　아웃스

김 씨는/선생님은
뮌헨에서 하차한다.

6. 승인·허가할 때

- Ja, das geht!
  야-　다스　게-트

예, 괜찮습니다.

- Ja, das geht auf jeden Fall.
  야-　다스　게-트　아우프　예댄　팔

예, 어쨌든 간에 됩니다.

- Das passt mir gut.
  다스　파쓰트　미-어　구-트

저는 괜찮습니다.

- Das ist mir recht.
  다스-　이스트　미-어　레히트

알겠어/알겠어요.

- Ja, natürlich!
  야-　나튜얼리히

예, 물론이지요.

- Gern!
  개른

물론입니다./그럼요.

- Gewiss!
  개비쓰

물론 그렇죠.

- Gut!
  구-트

좋아요.

- Gut, einverstanden!
  구-ㅌ　　아인패어슈탄댄
  좋아, 알았어.

- Na gut!
  나- 구-ㅌ
  그래 좋아요.

- Also gut!
  알조 구-ㅌ
  그럼 좋습니다.

- In Ordnung.
  인　오르드눙
  좋습니다.

- Selbstverständlich!
  젤ㅍ스프패어슈탠틀리히
  물론이지요. / 당연하지요.

4 단계

문제 풀기

I. (　)에 주어진 단어를 알맞게 넣으시오.

1. Wann __________ der Zug nach Stuttgart ______? (abfahren)

2. Wann __________ der Zug in Stuttgart ______? (ankommen)

3. Ich __________ im Fahrplan ________. (nachsehen)

4. Ich gehe zur Bibliothek. ______ du auch _____? (mitkommen)

5. Marion __________ eine Fahrkarte. (bestellen)

6. Kiho ____________ den Bahnhof. (verlassen)

7. Ich ________ dich ________. (einladen)

8. Um wie viel Uhr ________ du morgens ______? (aufstehen)

9. Wann ________ der Unterricht? (beginnen)

10. Kiho ________ in Berlin ________. (aussteigen)

1. Ich fahre ________ Berlin.

2. Wann kommt der Zug ________ Berlin an?

3. Der Zug fährt ________ Köln über Hannover nach Berlin.

4. Ich komme ________ der Post.

5. Ich komme gerade ________ der Bank.

정답

Ⅰ.

1. fährt, ab   2. kommt, an   3. sehe, nach

4. kommst, mit   5. bestellt   6. verlässt

7. lade, ein   8. stehst, auf   9. beginnt

10. steigt, aus

Ⅱ.

1. nach   2. in   3. von   4. von   5. von

Wo ist denn mein Buch?

Wo ist denn *mein* Buch?
보- 이스트 덴 마인 부-흐

Du, Hans, ist das *dein* Buch?
두- 한스 이스트 다스 다인 부-흐

Ja, das ist *mein* Buch.
야 다스 이스트 마인 부-흐

Jutta, Ralf! Sind das *eure* Taschen?
유타, 랄프 진트 다스 오이래 탓쉔

Ja, das sind *unsre* Taschen.
야 다스 진트 운전래 탓쉔

Frau Lohmann, ist das *Ihr* Auto?
프라우 로-만 이스트 다스 이-어 아우토

Ja, das ist *mein* Auto.
야 다스 이스트 마인 아우토

Herr und Frau Lohmann, ist das *Ihr* Wagen?
해어 운트 프라우 로-만 이스트 다스 이-어 봐-갠

Ja, das ist *unser* Wagen.
야 다스 이스트 운저 봐갠

Wann machst du *deine* Hausaufgaben?
봔 막흐스트 두- 다이내 하우스아우프가-밴

Ich mache jetzt *meine* Hausaufgaben.
이히 막해 얘츠트 마이내 하우스아우프가-밴

Ich finde *meinen* Regenschirm nicht.
이히 핀대 마이낸 레겐쉬름 니히트

Hier ist *dein* Schirm.
히어 이스트 다인 쉬름

내 책이 대체 어디 있지?
야, 한스 이것이 네 책이니?
응, 그것은 내 책이야.
유타야, 랄프야! 이것이 네희들 가방이니?
그래, 그것은 우리들의 가방이야.
로만 부인 이것이 당신 자동차입니까?
예, 그것은 제 자동차입니다.

로만 씨 내외분, 이것이 댁의 자동차입니까?
예, 그것은 우리 자동차입니다.
너는 언제 숙제를 하고 있니?
나는 지금 숙제할 거야.
나는 내 우산을 못 찾겠어.
네 우산은 여기 있어.

단어 익히기 

- **wo**
  보-

  어디

- **denn**
  덴

  도대체

- **mein-**
  마인

  나의

- **dein-**
  다인

  너의

- **das Buch**
  다스 부-흐

  책

- **eure-**
  오이래

  너희들의, 너희의

- **die Taschen**
  디 탓쉐

  가방들(die Tasche의 복수형)

- **unser-**
  운저

  우리의

- **Ihr-**
  이-어

  당신의(Sie의 소유관사)

- **das Auto**
  다스 아우토

  자동차

- **der Wagen**
  데어 봐-갠

  자동차

- **wann**
  봔

  언제

- **machen**
  막핸

  하다, 만들다

- **dein-**
  다인

  너의

- die Hausaufgaben   숙제
  디   하우스아우프가 - 밴

- jetzt   지금
  얘츠트

- finden   찾다, 발견하다, 생각하다
  핀댄

- der Regenschirm   우산
  데어   레 - 갠쉬름

문법 따라잡기

1. 소유관사

소유관사는 소유 관계를 나타내는 관사로서 명사의 성, 수 그리고 격에 따라 형태가 변한다.

1) 소유관사의 종류

	인칭대명사	소유관사의 종류
단 수	ich	⇒ **mein-**
	du	⇒ **dein-**
	Sie	⇒ **Ihr-**
	er	⇒ **sein-**
	sie	⇒ **ihr-**
	es	⇒ **sein-**
복 수	wir	⇒ **unser-**
	ihr	⇒ **euer-**
	Sie	⇒ **Ihr-**
	sie	⇒ **ihr**

인칭 대명사	소 유 관 사						
	남 성		중 성		여 성		복 수
ich	**mein-**		**mein-**		**mein-*e***		**mein-*e***
du	**dein-**		**dein-**		**dein-*e***		**dein-*e***
Sie	**Ihr-**		**Ihr-**		**Ihr-*e***		**Ihr-*e***
er	**sein-**		**sein-**		**sein-*e***		**sein-*e***
sie	**ihr-**	Platz	**ihr-**	Buch	**ihr-*e***	Tasche	**ihr-*e***	Hefte
es	**sein-**		**sein-**		**sein-*e***		**sein-*e***
wir	**unser-**		**unser-**		**unser-*e***		**unser-*e***
ihr	**euer-**		**euer-**		**eu(e)r-*e***		**eu(e)r-*e***
Sie	**Ihr-**		**Ihr-**		**Ihr-*e***		**Ihr-*e***
sie	**ihr-**		**ihr-**		**ihr-*e***		**ihr-*e***

* 이 도표는 각 인칭별 1격을 나타낸 것이다.

Das ist *mein* Platz.　　　　　　이것은 제 자리입니다.

Das ist *mein* Buch.　　　　　　이것은 내 책입니다.

Das ist *meine* Tasche.　　　　　이것은 내 가방입니다.

Das sind Ute und ihre Schwester Rita.

　　　　　　이들은 우테와 그녀의 언니 리타입니다.

2) 소유관사의 격변화

ich와 여성 단수 sie의 소유관사를 예로 들어 1격과 4격을 관찰해 보자.

격	단 수			복 수
	남 성	중 성	여 성	
1격	**mein** Platz	**mein** Buch	**mein*e*** Tasche	**mein*e*** Hefte
2격	mein*es* Platz*es*	mein*es* Buch*es*	mein*er* Tasche	mein*er* Hefte
3격	mein*em* Platz	mein*em* Buch	mein*er* Tasche	mein*en* Heften
4격	**mein*en*** Platz	**mein** Buch	**mein*e*** Tasche	**mein*e*** Hefte

1격	**ihr**	Platz	**ihr**	Buch	**ihr e**	Tasche	**ihr e**	Hefte
2격	ihr es	Platz es	ihr es	Buch es	ihr er	Tasche	ihr er	Hefte
3격	ihr em	Platz	ihr em	Buch	ihr er	Tasche	ihr en	Heften
4격	**ihr en**	Platz	**ihr**	Buch	**ihr e**	Tasche	**ihr e**	Hefte
비고	**kein**	Platz	**kein**	Buch	**keine**	Tasche	**keine**	Hefte

* 소유관사의 격변화 어미는 kein-의 격변화 어미와 같다는 것을 표시한 것이다.

Frau Lohmann, ist das *Ihr* Auto?
프라우   로-만   이스트 다스 이어   아우토

(로만 부인/선생님/씨, 이것이 당신의 자동차입니까?)

Rita ist Studentin. **Ihre** *Mutter* ist Hausfrau.
리타 이스트 슈투댄틴   이어래   무터 이스트 하우스프라우

(리타는 대학생이다. 그녀의 어머니는 주부이다.)

Rudolf ist Student. **Seine** Mutter ist Lehrerin.
루돌프 이스트 슈투댄트   자이내   무터 이스트 레-러린

(루돌프는 대학생이다. 그의 어머니는 교사이다.)

* 소유관사 *ihr*나 *sein*은 각각 앞의 *Rita*와 *Rudolf*를 받은 것이다. *Rita*는 여성이며 *Rudolf*는 남성이다.
* 소유관사의 어미는 소유관사 바로 뒤에 있는 명사의 성, 수, 격에 따른 어미변화를 한다. ihr*e* Mutter, sein*e* Mutter

Heinz hat einen Bruder. ***Sein*** *Bruder* ist 10 Jahre alt.
하인츠 하-트 아이낸   브루-더   자인   브루-더 이스트 체-ㄴ 야-래 알트

(하인츠는 남동생이 한 명 있다. 그의 동생은 열 살이다.)

Das Kind läuft jetzt. **Seine** *Mutter* sieht ***ihr*** Kind.
다스   킨트 로이프트 예츠트   자이내   무터   지-트 이-어   킨트

(저 아이가 이제 걷는다. 그 아이의 엄마가 자기 아이를 바라본다.)

Wir lieben **_unsre_** Eltern.
뷔어　리-밴　우저래　앨터른

(우리는 우리 부모님을 사랑한다.)

Steffi und Emil, wohin fahren **_eure_** Eltern heute?
슈테피　운트　에밀　보-힌　파-랜　오이래　엘터른　호이태

(슈테피 그리고 에밀, 너희들 부모님께서는 오늘 어디 가시니?)

* unser-에 어미가 올 때 흔히 unser-의 e가 생략된다:
  usere Mutter → **_unsre Mutter_**
* _euer_-다음에 어미가 올 때 _euer_의 e가 탈락한다:
  euer Vater　　　euer Bruder　　　euer Freund
  eu re Mutter　　_eu re Schwester_　　_eu re Freundin_　　_eu re Freunde_

Martin fragt **_seinen_** Lehrer.
마르틴　프락트　자이낸　레-러

(마르틴은 그의 선생님께 질문한다.)

Er macht **_seine_** Hausaufgaben.
애어　막흐트　자이내　하우스아우프가-밴

(그는 (자기의) 숙제를 한다.)

Gabriele ruft **_ihren_** Großvater an.
가브리엘레　루프트　이어랜　그로쓰파-터　안

(가브리엘레는 그녀의 할아버지께 전화를 드린다.)

* anrufen+4격 : …에게 전화하다

표현 따라하기 

Das ist *mein* Vater.
다스 이스트 마인 파-터

이 분은 나의 아버지이시다.

Das ist *mein* Bruder.
다스 이스트 마인 브루-더

이 사람은 내 동생/형/오빠이다.

Das ist *mein* Großvater.
다스 이스트 마인 그로-쓰파-터

이 분이 나의 할아버지야.

Das ist *mein* Freund.
다스 이스트 마인 프로인트

이 애는 내 친구야.

Das ist *meine* Mutter.
다스 이스트 마이내 무터

이분은 나의 어머니시다.

Das ist *meine* Schwester.
다스 이스트 마이내 슈배스터

이쪽은/이 사람은 나의
언니/동생/누나이다.

Das ist *meine* Großmutter.
다스 이스트 마이내 그로-쓰무터

이 분은 나의 할머니십니다.

Das ist *meine* Freundin.
다스 이스트 마이내 프로인딘

이 애/이쪽은 내 (여자)친구다.

Das sind *meine* Eltern.
다스 진트 마이내 엘테른

이 분들은 나의 부모님이시다.

Das sind *meine* Freunde.
다스 진트 마이내 프로인대

이들은 내 친구들이다.

Das sind *meine* Geschwister.
다스 진트 마이내 개슈비스터

이들은 내 형제자매들이다

Das sind *meine* Brüder.
다스 진트 마이내 브뤼-더

이들은 내 형제들이다.

Das sind *meine* Schwestern.   이들은 내 자매들이다.
다스 진트 마이내 슈베스터른

Das sind *meine* Kinder.   애들은 제 자식들입니다.
다스 진트 마이내 킨더

Herr Scherling, kennen Sie *meinen* Vater?
해어 쉐어링 켄낸 지- 마이낸 파-터

쉐어링 씨, 저의 아버지를 아세요?

Das ist Gabriele, kennst du *ihren* Bruder?
다스 이스트 가브리엘레 캔스트 두- 이어랜 브루-더

이애는 가브리엘레야, 너 그 애 오빠를 아니?

Das ist Gerd, kennst du *seine* Schwester Anne?
다스 이스트 게르트 캔스트 두- 자이내 슈베스터 안내

이쪽은 게르트야, 너 그의 여동생/누나 안네를 알아?

Kennen Sie Anne?   안네를 아십니까?
캔낸 지- 인내

Ich bin ihr Vater.   저는 그 애의 아버지입니다.
이히 빈 이-어 파-터

Ich bin ihr Bruder.   저는 그 애의 오빠입니다.
이히 빈 이-어 브루-더

Ich bin ihre Freundin.   저는 그녀의 친구입니다.
이히 빈 이어래 프로인딘

Ich bin ihre Mutter.   저는 그 애 엄마입니다.
이히 빈 이어래 무터

Ich bin ihr Freund.   저는 그 애의 친구입니다.
이히 빈 이어 프로인트

문제 풀기 

Ⅰ. 다음 소유관사의 어미를 넣으시오. (넣을 필요가 없으면 – 표를 하시오.)

1. Das ist mein ＿＿＿＿＿ Kuli.

2. Ingrid, wo arbeitet dein ＿＿＿＿＿ Vater?

3. Martin, ist das dein ＿＿＿＿＿ Fahrrad?

4. Martin sucht sein ＿＿＿＿＿ Rucksack. (der Rucksack 배낭)

5. Unsr ＿＿＿＿＿ Eltern sind sehr nett.

6. Entschuldigen Sie, wann kommt ＿＿＿＿＿＿ Chef zurück?

7. Maria ruft ihr ＿＿＿＿＿ Vater an.

8. Emil und Jutta, wo wohnt eur ＿＿＿＿＿ Lehrerin?

9. Unsr ＿＿＿＿＿ Lehrerin wohnt in Markusstraße 10.

10. Helga macht ihr ＿＿＿＿＿ Hausaufgaben.

Ⅱ. 다음 빈칸에 알맞은 소유관사를 넣으시오.

1. Rüdiger, ist das ＿＿＿＿＿＿ Fahrrad? (das Fahrrad 자전거)

2. Anne, was macht ＿＿＿＿＿＿ Vater?

3. Heinz, was macht ＿＿＿＿＿＿ Mutter?

4. Herr Schneider, das ist ＿＿＿＿＿＿ Brief. (der Brief. 편지)

5. Frau Scherling, hier sind ＿＿＿＿＿＿ Papiere. (das Papier '서류, 종이' 의 복수형)

6. Klaus, wann machst du ＿＿＿＿＿＿ Hausaufgaben?

7. Monika, kennst du ＿＿＿＿＿＿ Bruder Fritz?

8. Petra sucht ＿＿＿＿＿＿ Kuli.

9. Ute und Karin, liebt ihr ____________ Eltern?

10. Andreas hilft ____________ Mutter. (helfen은 3격지배동사)

Ⅲ. 다음 보기와 같이 만드시오.

> **보기**
>
> Ist das *Ihr* Fahrrad?
> — Nein, das ist nicht *mein* Fahrrad.

1. Ist das Ihr Bleistift?

— Nein, das ist nicht ____________ Bleistift.

2. Ulrich, ist das dein Buch?

— Nein, das ist nicht ____________ Buch.

3. Herr Allner, ist das ____________ Schere?

— Nein, das ist nicht meine Schere.

4. Da kommt Frau Müller. Kennen Sie ihren Mann?

— Nein ich kenne ____________ Mann nicht.

5. Liebt ihr eure Eltern?

— Ja, wir lieben ____________ Eltern.

Wie geht es Ihnen?

Guten Tag, Herr Kim. 구-탠 타-ㄱ 해어 킴	안녕하세요, 김군.
Guten Tag, Frau Miller. 구-탠 타-ㄱ 프라우 밀러	안녕하세요, 밀러 씨(여자).
Wie geht es *Ihnen*? 비 게-트 애스 이-낸	어떻게 지내셨습니까?
Danke gut. Und *Ihnen*? 당캐 구-ㅌ 운트 이-낸	고맙습니다, 잘 지냅니다. (김군은) 어떻게 지내십니까?
Danke, es geht *mir* gut. 당캐 애스 게-트 미어 구-ㅌ	저는 잘 지냅니다. 감사합니다.
Hallo, Renate. 할로 레나-태	안녕, 레나테.
Tag, Günther. Wie geht's? 타-ㄱ 퀸터 비 게-츠	안녕, 퀸터. 어떻게 지냈니?
Danke, *mir* geht es gut. Und *dir*? 당캐 미어 게-트 애스구-ㅌ 운트 디-어	고마워, 난 잘 지내. 너는?
Es geht. 애스 게-트	잘 지내
Gefällt das Bild dir? 개팰트 다스 빌트 디-어	이 그림 네 마음에 드니?
Ja, es gefällt *mir* gut. 야 애스 개팰트 미어 구-ㅌ	응, 그 그림 내 맘에 들어

단어 익히기

- **wie**
  비-
  어떻게

- **gehen**
  게-언
  가다

- **es**
  애스
  [비인칭주어] es geht + 3격

- **Ihnen**
  이-낸
  인칭대명사 단수 2인칭 Sie의 3격

- **danke**
  당캐
  (ich) danke 고맙다, 감사합니다

- **mir**
  미어
  ich(나)의 3격

- **hallo**
  할로
  안녕[친한 사이의 인사말]

- **Tag**
  타-ㄱ
  (guten) Tag 안녕

- **wie geht's**
  비- 게-츠
  어떻게 지내니? 어떻게 지내십니까?

- **dir**
  디어
  du(너)의 3격

- **es geht**
  애스 게-트
  잘 지낸다 es geht (mir gut)

- **gefallen**
  게팔랜
  …의 마음에 들다

- **das Bild**
  다스 빌트
  그림

- **es**
  애스
  인칭대명사 단수 3인칭(중성)

문법 따라잡기 

1. 3격 지배동사

> gefallen(마음에 들다), gehören(속하다),
>
> glauben(…의 말을 믿다), helfen(돕다), schaden(해치다)

* 동사는 보족어가 되는 명사와 결합할 때 명사의 격을 지배한다. 대부분의 타동사는 4격을 취하는 동사인데, 위에 언급한 동사들은 3격지배동사이다.

- Dieser Mantel *gefällt mir* nicht.
  디-저 만탤 개팰트 미어 니히트
  이 외투는 내 맘에 들지 않는다.

- Das Fahrrad *gehört mir.*
  다스 파-라트 개회르트 미어
  그 자전거는 내 것이다.

- Brigitte *hilft ihrer Mutter.*
  브리기태 힐프트 이어러 무터
  브리키테는 어머니를 도와드린다.

- Ich *glaube ihm* nicht.
  이히 글라우배 이-ㅁ 니히트
  나는 그의 말을 믿지 않는다.

- Rauchen *schadet der* Gesundheit.
  라욱헌 샤데트 데어 개준트하이트
  흡연은 건강을 해친다.

* mir는 ich(나)의 3격이다.

* ihrer Mutter는 ihre Mutter의 3격이다.

* ihm은 인칭대명사 er(그)의 3격 형태이다.

* die Gesundheit(건강). 여성명사의 3격 특정관사는 der이다.

Wie *gefällt* es *Ihnen* hier in Korea?
비- 개팰트 애스 이-낸 히-어 인 코레-아
여기 한국이 마음에 드세요?

— Es *gefällt mir* gut.　　　　　예, 마음에 듭니다.
애스 개팰트 미어 구-ㅌ

* es는 비인칭 주어이다. Ihnen은 Sie(당신)의 3격이다.

2. wie geht es + 3격

Wie geht es *Ihnen?*　　　　　어떻게 지내십니까?
비- 게-트 애스 이-낸

Wie geht es *dir?*　　　　　잘 지냈니?
비- 게-트 애스 디어

　— Danke, es geht *mir* gut.　　고마워, 난 잘 지내.
당캐　애스 게-트 미어 구-ㅌ

* mir geht es gut. 나는 잘 지내. es는 비인칭주어. 문장이 도치된 표현이다. es geht.라고도 한다.

Wie geht es Ihren Eltern?　　　부모님께서는 무고하신지요?
비- 게-트 애스 이어랜 엘터른

Wie geht es ihm?　　　　　그 분(남자)은 잘 지내십니까?
비- 게-트 애스 이-ㅁ

Wie geht es ihr?　　　　　그 분(여자)은 잘 지내십니까?
비- 게-트 애스 이-어

Wie geht es Ihrer Mutter?　　　어머니께서는 안녕하십니까?
비- 게-트 애스 이어러 무터

Wie geht es Herrn Meyer?　　　마이어 씨는 잘 지내십니까?
비- 게-트 애스 해른 마이어

* Herr의 3격은 Herrn이다.

표현 따라하기 

1. 어떻게 지내십니까?

Wie geht es Ihnen?
비- 게-트 애스 이-낸

어떻게 지내십니까?

Wie geht es dir?
비- 게-트 애스 디-어

너는 어떻게 지내고 있니?

Wie geht es euch?
비- 게-트 애스 오이히

너희들은 어떻게 지내니?

Wie geht's?
비- 게-츠

어떻게 지내니?

2. 잘 지내고 있습니다.

Danke schön. Es geht mir gut.
당캐　쇠-ㄴ　애스 게-트 미어 구-트

고맙습니다. 저는 잘 지냅니다.

Danke, *mir* geht es gut.
당캐　미어 게-트 애스 구-트

고마워, 나는 잘 지내.

Danke, *mir* geht es sehr gut.
당캐　미어 게-트 애스 제-어 구-트

고마워, 나는 아주 잘 지내.

Danke, *uns* geht es gut.
당캐　운스　게-트 애스 구-트

고마워 우리는 잘 지내.

* es geht mir를 mir geht es라고도 쓴다.

Danke, es geht.
당캐　애스 게-트

고마워, 잘 지내.

Danke gut.
당캐　구-트

고마워, 잘 지내.

Danke, sehr gut.
당캐 제-어 구-ㅌ

고마워, 아주 잘 지내.

3. 잘 지내지 못했어요.

Mir geht es nicht so gut.
미어 게-트 애스 니히트 조- 구-ㅌ

난 별로 잘 지내지 못했어.

Uns geht es nicht gut.
운스 게-트 애스 니히트 구-ㅌ

우리는 잘 지내지 못했어.

Nicht so gut.
니히트 조- 구-ㅌ

그다지 좋지 않아.

Nicht gut.
니히트 구-ㅌ

좋지 않아.

Schlimm.
슐림

안 좋아.

Schlecht.
슐래히트

안 좋아/ 잘 지내지 못했어.

3. 누구 것입니까?

Wem gehört der Koffer?
벰 개회르트 데어 코퍼

이/그 트렁크 누구 것입니까?

der Hut?
데어 후-ㅌ

이 모자 누구 것입니까?

der Kuli?
데어 쿨-리

이 볼펜 누구 것입니까?

die Tasche?
디   탓쉐

이 가방 누구 것이지요?

die Kamera
디   카메라

그 카메라 누구 것인가요?

das Wörterbuch?　　이 사전 누구 것이지요?
다스　　뵈르터부-흐

das Handy?　　이 핸드폰 누구 겁니까?
다스　　핸디

Es gehört mir.　　그것은 내 것입니다.
애스 개회르트 미-어

　　　　ihm.　　그것은 그의 것입니다.
　　　　이-ㅁ

　　　　Frau Schmidt.　　그것은 슈미트 부인 것입니다.
　　　　프라우　　슈미트

　　　　Herrn Müller.　　그것은 뮐러씨 것입니다.
　　　　해른　　　뮐러

* Herrn은 Herr의 3격이다.

Sie gehört mir.　　그것은 제 것입니다.
지 - 개회르트 미-어

Es gehört meinem Bruder.　　그것은 제 동생/오빠/형
애스 개회르트　마이냄　　브루-더　　　것입니다.

* er, sie, es는 위의 사물을 가리키는 인칭대명사이다.

Gehört das Buch *Inge*? — Nein, es gehört *ihr* nicht.
개회르트 다스　북흐　잉애　　　　나인 애스 개회르트 이-어 니히트

Gehört *Ihnen* die Kamera? — Ja, sie gehört *mir*.
개회르트 이-낸　디　카-메라　　　야- 지- 개회르트 미-어

Gefällt *dir* die CD?　　그 CD가 네 마음에 드니?
개팰트 디-어 디 체데

— Ja, sie gefällt mir sehr gut.　　응, CD는 내 맘에 쏙 들어.
야- 지 개팰트 미-어 제-어 구-ㅌ

문제 풀기

I. 빈칸에 알맞은 말을 넣어 문장을 완성하시오.

1. Guten Tag, Herr Kim?

   Wie geht es _______?

   Danke, _______ geht es gut. Und _______?

2. Hallo, Renate. Wie geht's _______?

   Danke, _______ geht es gut. Und _______?

3. Maria, gefällt _______ das Buch gut?

   Ja, es gefällt _______ sehr gut.

4. Wer hilft _______ denn?

   Brigitte hilft uns.

5. Herr Müller, wie gefällt es _______ in Korea?

6. Wem gehört das Fahrrad hier?

   — Das gehört _______. Ich fahre mit dem Fahrrad.

7. Gehört das Buch Inge?

   — Nein, es gehört _______ nicht.

II. 빈칸에 들어갈 말을 넣으시오.

1. Hallo, _______ geht es euch?

   — Uns geht es gut.

2. Hallo, Emil. _______________ dir?

   Danke, mir geht _______ gut.

3. Guten Tag, Peter! Wie _______ es dir?

— _______ , es mir nicht schlecht.

4. Guten Tag, Frau Schmidt! Wie geht's _______?

— Danke gut. Und _______?

5. Andreas, _______ dir die CD hier?

Ja, sie gefällt _______ sehr gut.

6. _______ gehört die Tasche?

— Sie gehört mir.

7. Veronika, gehört _______ das Handy?

— Nein, _____ gehört mir nicht.

8. Gefällt dir der Computer?

— Ja, _____ gefällt mir gut.

9. Brigitte _______ ihrer Mutter sehr. (helfen)

10. Rauchen schadet _______ Gesundheit.

정답

I.
1. Ihnen, mir, Ihnen   2. dir, mir, dir

3. dir, mir   4. euch   5. Ihnen   6. mir   7. ihr

II.
1. wie   2. Wie geht es, es   3. geht, Danke

4. Ihnen, Ihnen   5. gefällt, mir   6. Wem

7. dir, es   8. er   9. hilft

10. der

안부 확인하기

1 안부를 물을 때

• Wie geht es Ihnen?	(당신은) 어떻게 지내십니까?
• Wie geht es dir?	(너는) 어떻게 지내니?
• Wie geht es ihm?	그는 어떻게 지냅니까?
• Wie geht es ihr?	그녀는 어떻게 지내나요?
• Wie geht es deinem Vater?	너의 아버지는 어떻게 지내시니?
• Wie geht es Ihrer Frau?	부인께서는 어떻게 지내십니까?
• Wie geht es euch?	너희들 어떻게 지내니?
• Wie geht's Ihnen?	(당신은) 어떻게 지내십니까?
• Wie geht's dir?	(너는) 어떻게 지내니?
• Wie geht's zu Hause?	댁은 무고하십니까?
• Und was machen die Kinder?	그런데 아이들은 어떻게 지내나요?
• Und was macht Jörg?	그런데 요르크는 어떻게 지내지요?
• Wie geht's?	어떻게 지내니?
• Tag, Onkel, geht's gut?	안녕하세요, 삼촌, 무고하시죠?
• Wie ist es mit dem Geschäft?	요즘 사업은 어떻습니까?
• Was macht das Geschäft?	사업은 어떻습니까?
• Hallo, Hannes. Was ist denn los?	안녕, 한네스. 무슨 일이야?
• Wie befinden Sie sich?	당신은 어떻게 지내십니까?

- Wie befindest du dich?　　　　　　넌 어떻게 지내니?

② 안부에 대해 대답할 때

- Danke schön, mir geht es gut.　　　고마워(요),
　　　　　　　　　　　　　　　　　잘 지내(요).

- Danke, mir geht es gut. Und Ihnen?　고맙습니다.
　　　　　　　　　　　　　　　　　저는 잘 지냅니다.

- Es geht mir nicht schlecht. Und dir?　난 별일 없어.
　　　　　　　　　　　　　　　　　그런데 넌?

- Es geht (mir) nicht so gut.　　　저는 잘 지내지 못합니다.

- Es geht gar nicht gut.　　　　아주 안 좋습니다.

- Es geht mir sehr gut. Und Ihnen?　저는 아주 잘 지내고 있습니다.
　　　　　　　　　　　　　　　　그런데 당신은 (어떻지)요?

- Na ja, es geht!　　　　　예, 잘 지내고 있습니다.

- Danke, einigermaßen.　　고마워요. 그리 나쁘지는
　　　　　　　　　　　　않습니다.

- Und (wie geht es) Ihnen?　그런데 당신은 어떻게
　　　　　　　　　　　　지내십니까?

- Und dir?　　　　　그런데 너는?

- Und euch?　　　　그런데 너희들은?

- Ihm geht es ausgezeichnet.　그는 아주 잘 있습니다.

- Ihr geht es prima.　　그녀는 아주 잘 있습니다.

- Danke, es geht ihm sehr gut.　고맙습니다.
　　　　　　　　　　　　그분은 평안하십니다.

- Leider nicht so gut, sie ist krank.	유감스럽게도 좋지 않아요.
그녀는 아파요.

- Ihnen geht es ganz gut.	그분들은 아주 잘 지내요.

- Alle sind bei uns zu Hause gesund.	우리 식구들은 모두
건강히 잘 지내고 있어요.

- Ganz gut, danke!	아주 좋아요, 고맙습니다.

- Nein, mir geht es elend.	아니, 안 좋아요.

- Nicht besonders.	별일 없어요.

- Hallo, nicht besonders.	안녕, 별일 없어.

- Danke, gut.	고마워, 잘 지내고 있는 편이야.

- Vielen Dank, es geht.	대단히 고맙습니다. 좋습니다.

- Danke, alles in Ordnung.	고마워, 모든 일이
잘 되어가고 있어요.

- Danke sehr.	대단히 감사합니다.

- Danke schön.	대단히 감사합니다.

- Bedanke mich.	고맙습니다.

- Besten Dank.	대단히 감사합니다.

- Schönen Dank.	대단히 감사합니다.

- Vielen Dank.	대단히 감사합니다.

- Verbindlichsten Dank.	대단히 감사합니다.

- Ich danke Ihnen vielmals.	대단히 감사합니다.

- Ich bedanke mich.	감사합니다.

- Ich bin Ihnen sehr dankbar.	대단히 감사합니다.

Bitte fahr doch langsam!

Entschuldigung, wie komme ich zur Rosenstraße?
앤트슐디궁 비- 콤매 이히 추어 로-잰슈트라쌔

Gehen Sie dort zur Haltestelle und *nehmen Sie* die Linie 7 in Richtung Nordring!
게-언 지- 도르트 추어 할테슈텔래 운트 네-맨 지- 디 리-니에 지-밴 인 리히퉁 노르트링

Die fährt direkt zur Rosenstraße.
디 패-르트 디렉트 추어 로-잰슈트라쌔

Peter und Emil, ihr sprecht zu schnell. Bitte *sprecht* nicht so schnell!
페터 운트 에밀 이-어 슈프레히트 추- 쉬낼 비태 슈프레히트 니히트 조- 쉬낼

Sonst verstehe ich euch gar nicht.
존스트 패어슈테- 이히 오이히 가- 니히트

Entschuldige.
앤트슐-디개

Papa, *sei* vorsichtig! Du fährst zu schnell. Bitte *fahr* doch langsam!
파파 자이 포어지히티히 두- 패-르스트 추- 쉬낼 비태 파- 독흐 랑잠

Klaus, du hast Zahnschmerzen. Bitte *iss* doch kein Eis!
클라우스 두- 하스트 차-ㄴ슈메르챈 비태 이쓰 독흐 카인 아이스

Matthias, du siehst zu viel fern. *Sieh* doch bitte nicht so viel *fern*!
마티아스 두- 지-스트 추-피-ㄹ 페른 지- 독흐 비태 니히트 조-피-ㄹ 페른

실례합니다, 로젠슈트라쌔로 가는 길이 어떻게 되지요?
저기 정류장으로 가셔서 노르트링 방향으로 가는 7번 버스를 타세요.
그 노선이 직접 로젠슈트라쌔로 갑니다.
페터와 에밀아, 너희들은 너무 빨리 말하고 있어. 제발 그렇게 빨리 말하지 말아.
그렇지 않으면 내가 너희들 말을 전혀 이해하지 못해.
미안하다.
아빠, 조심하세요! 아빠는 과속하고 있어요. 제발 좀 천천히 운전해요.
클라우스, 너는 치통이 있어. 아이스크림을 먹지 마.
마티아스, 너는 텔레비전을 너무 많이 보는구나. 너무 많이 텔레비전을 보지 말아

단어 익히기

- Entschuldigung 실례합니다
  앤트술디궁

- wie 어떻게
  비-

- komen 가다, 오다
  콤매

- die Straße 도로
  디 슈트라쌔

- die Rosenstraße 로-잰슈트라쌔(고유명사)-로젠 로(路)
  디   로-젠슈트라쌔

- gehen 가다
  게-언

- dort 저기
  도르트

- die Haltestelle 정류장
  디   할테슈텔래

- nehmen 이용하다
  네-맨

- die Linie 노선
  디 리-니에

- in Richtung … 방향으로 가는
  인   리히퉁

- direkt 직접
  디렉트

- sprechen 말하다
  슈프레핸

- zu 너무(부사로 쓰임)
  추-

- schnell 빨리
  쉬낼

- **so**
  조 -

  그렇게

- **sonst**
  존스트

  그렇지 않으면

- **verstehen**
  패어슈테 – 언

  이해하다

- **euch**
  오이히

  너희들을(인칭대명사 ihr의 4격)

- **gar nicht**
  가 -   니히트

  전혀 … 아닌

- **sein**
  자인

  … 이다

- **vorsichtig**
  포어지히티히

  조심스러운, 주의

- **langsam**
  랑잠

  천천히

- **Zahnschmerzen**
  차 – ㄴ 슈메르챈

  치통

- **essen**
  애쌘

  먹다

- **das Eis**
  다스 아이스

  아이스크림

- ***fern*sehen**
  페른제 – 앤

  T.V를 시청하다

- **viel**
  피 – ㄹ

  많은

문법 따라잡기 

1. 명령법

1) 존칭과 복수1인칭에 대한 명령

> 동사원형＋주어 … !

Wir haben keine Zeit. *Gehen wir* doch jetzt!
뷔어 하-밴 카이내 차이트 게-언 뷔어 독흐 얘츠트

우리는 시간이 없어. 자 지금 가자.

Herr Wild, *lesen Sie* mal bitte die Zeitung hier!
해어 빌트 레-잰 지-마-ㄹ 비태 디 차이퉁 히-어

빌트씨, 여기 이 신문 좀 읽어보십시오.

Gehen Sie immer geradeaus!   곧바로/곧장 가십시오
게-언 지- 임머 게라대아웃스

Kommen Sie mal zu mir!   저에게 좀 와 보십시오.
콤맨 지- 마-ㄹ 주- 미어

Kommen Sie doch mit!   같이 가시지요.
콤맨 지- 마-ㄹ 추- 미어

* 명령법에는 권유나 청유의 부사로서 bitte, doch, mal을 넣는다

Bringen Sie mir _bitte_ einen Tee!   차 한 잔 주세요.
브링앤 지- 미어 마-ㄹ 아이낸 테-

2) 2인칭에 대한 명령: 주어 du와 ihr는 쓰지 않는다.

> * 단수 2인칭에 대한 명령 : 동사의 어간＋(*e*)!
> * 복수 2인칭에 대한 명령 : 동사의 어간＋(e)t!

예)　*Geh* schnell zur Schule!　　　　너 빨리 학교에 가!
　　게 –　　쉬낼　　추어　　슐 – 래

　　Geht schnell nach Haus!　　　너희들 빨리 집에 가거라!
　　게 – 트　　쉬낼　　낙흐　　하우스

3) 강변화 동사의 명령법

> 단수 2인칭과 3인칭에서
> 어간모음 a → ä로 변화하는 동사는 변하지 않고, 다만
> 어간모음 e → i나,
> 　　　　e → ie 로 변하는 동사만 변한다.

* 현재 인칭변화에서 e가 i 또는 e가 ie로 변하는 동사는 명령문에서도 모음변화
　한다.
* 단수 2인칭 – 변모음된 동사의 어간+(e)!
* 복수 2인칭 – 동사의 어간+(e)t!

Klara, warum fährst du langsam?　　클라라, 왜 너는 천천히 가니?
Fahr doch schnell!　　　　　　　제발 빨리 좀 가!
Dino und Monika, *Fahrt* bitte langsam!　디노와 모니카야,
　　　　　　　　　　　　　　　　너희들은 천천히 가!

Klaus, *sprich* doch langsam!　　　클라우스, 좀 천천히 말해봐!
Ingrid, *lies* doch mal das Buch!　　잉그리트, 이 책 좀 읽어봐!

* Fährst du … ! (x)
　Fahr … ! (o) [어간 모음이 a → ä로 변모음 하는 것은 명령법에서 적용하지
　않는다]
* essen : Du isst zu viel.　　　　너는 과식을 한다.
　　　　　Iss doch nicht so viel!　과식하지 말아라!
　　　　　Esst doch nicht so viel!　너희들 과식하지 말아라!

4) 주의할 사항
　(1) arbeiten(공부하다, 일하다), warten(기다리다), finden(생각하

다, 찾아내다), öffnen(열다), atmen(호흡하다) 등처럼 단수 2
인칭에 대한 명령에서는 어간이 -d, -t 또는 -m, -n 일 때 어간
에 붙인 e는 그대로 둔다.

Hans, *arbeite*!   한스야, 공부 좀 해!
Hans und Inge, *arbeitet*!   한스와 잉에야, 공부들 좀 해라!

Öffn*e* mal das Fenster!   창문 좀 열어라!
Atm*e* mal tief!   심호흡을 해봐!
Wart*e* mal!   기다려봐!

※ entschuldigen처럼 어간이 -g인 경우 단수 2인칭에 어미 e를 넣는
다. Entschuldige! 미안해.

(2) sein동사와 haben 동사의 명령

* sein 동사의 단수 2인칭 du bist이지만 명령법에서는 'seien'을 어간으로
한다. 따라서 어간은 sei이다.
  Sei ruhig! 조용히 해!   *Seid* ruhig! 너희들 조용히 해!
  Seien Sie ruhig! 조용히 하세요!

* haben동사의 경우 어간이 hab이다.
  Hab keine Angst!   겁먹지 마!
  Habt keine Angst!   너희들 겁먹지 마!

5) 강변화동사의 명령법 확인

	du에 대한 명령	**ihr**에 대한 명령
* fahren :	fahr schnell!	fahrt schnell!
* halten :	halt mal!	haltet mal!
* sehen :	sieh!	seht!
* sprechen :	sprich!	sprecht!
* geben :	gib!	gebt!

* lesen: lies!   lest!
* nehmen: nimm!   nehmt!
* essen: iss!   esst!
* helfen: hilfe!   helft

주의할 명령법

* haben: **hab** das Buch!   habt das Buch!
* sein: **sei** ruhig!   **seid** ruhig!

표현 따라하기

1. …로 가세요

Gehen Sie zur Haltestelle!   정류장으로 가세요.
게-언 지- 추어   할테슈텔래

Gehen Sie immer geradeaus!   (이 길로) 곧장 가십시오.
게-언 지- 임머   게라데아웃스

Geht nach Haus!   너희들 이제 집에 가라.
게-트 낙흐 하우스

Geh schnell zur Schule!   너 빨리 학교에 가.
게- 쉬낼 추어 술-래

2. …을 이용하세요

Nehmen Sie die Linie 7!   7번 노선을 이용하세요.
네-맨 지- 디 리-니에 지-밴

Nehmen Sie den Bus!
네-맨 지- 덴 부스

저 버스를 타세요.

Nehmt bitte den Zug!
네-ㅁ트 비태 덴 추-ㄱ

너희들 그 기차를 타라.

Nimm doch mal ein Taxi!
님 독흐 마-ㄹ 아인 탁시

너, 택시를 이용해봐.

3. 그렇게 빨리 말하지 마

Bitte *sprecht* nicht so schnell!
비태 슈프레히트 니히트 조- 쉬낼

너희들 그렇게 빨리 말하지 마.

Bitte *sprecht* langsam!
비태 슈프레히트 랑잠

너희들 천천히 말해봐.

Sprich bitte noch einmal!
슈프리히 비태 녹흐 아인마-ㄹ

한 번만 더 말해봐.

Sprechen Sie bitte laut!
슈프레햰 지- 비태 라우트

크게 좀 말씀해 주십시오.

4. 조심하세요

Sei vorsichtig, Papa!
자이 포어지히티히 파파

조심하세요, 아빠.

Seid vorsichtig!
자이 포어지히티히

너희들 조심해라!

Seien Sie vorsichtig!
자이언 지- 포어지히티히

조심하십시오.

Sei ruhig!
자이 루-이히

조용히 해.

Seid doch ruhig!
자이트 독흐 루-이히

제발 조용히들 해라.

Sei so nett und hilf mir!
자이 조- 내트 운트 힐프 미-어

부탁인데 나 좀 도와줘.

Seien Sie so nett und helfen Sie mir!
자이언 지- 조- 내트 운트 헬팬 지- 미-어

부탁인데요, 저 좀
도와주십시오.

5. 천천히 운전하세요

Bitte *fahr* doch langsam, Papa!
비태 파- 독흐 랑잠 파파

아빠 천천히 운전하세요.

Fahr doch langsam!
파- 독흐 랑잠

천천히 운전해.(서행해봐)

Fahrt doch nach Haus!
파-르트 독흐 낙흐 하우스

너희들 이제 집에들 가봐.

6. …가봐

Du hast Zahnschmerzen. *Geh* doch zum Arzt!
두- 하스트 차-ㄴ슈메르챈 게- 독흐 춤 아르츠트

치통이 있구나. 의원에 좀 가봐.

Sie haben eine Erkältung. *Gehen* Sie zum Arzt!
지- 하-밴 아이내 에어캘퉁 게-언 지- 춤 아르츠트

감기 걸렸군요. 의원에 가보세요.

7. 과식하지 마세요

Essen Sie bitte nicht so viel!
애쌘 지- 비태 니히트 조-피-ㄹ

과식하지 마십시오.

Iss doch kein Eis!
이쓰 독흐 카인 아이스

아이스크림을 먹지 마.

Iss mal die Gemüsesuppe!
이쓰 마-ㄹ 디 개뮤-재주패

야채스프 좀 먹어봐.

Esst mal die Gemüsesuppe!
애쓰트 마-ㄹ 디 개뮤-재주패

너희들, 야채스프 좀 먹어봐.

8. 이것 좀 봐

Matthias, *sieh* doch mal das hier!
마티아스 지- 독흐 마-ㄹ 다스 히-어

마티아스, 여기 이것 좀 봐.

Sehen Sie doch mal das hier!
제-언 지- 독흐 마-ㄹ 다스 히-어

여기 이것 좀 보십시오.

9. 텔레비전을 봐라

Sieh mal *fern*!

텔레비전을 좀 봐.

Sieh doch bitte nicht so viel *fern*!

너무 많이 TV를 보지 말아라.

문제 풀기

다음 주어진 단어를 이용하여 문장을 완성하시오

1. (gehen) ___________ doch zur Station, Gerd!

2. (kommen) ___________ sofort, Renate! Ich warte noch!

   Andreaund Anne, _________ doch!

3. (warten) Frau Müller, ich komme gleich. _________ Sie

   doch bitte!

   Maria, ich komme gleich, ________ bitte noch!

   Thomas und Sabine, ________ doch mal!

4. (essen) ___________ wir doch jetzt!

   ___________ doch nicht viel, Peter!

5. (schlafen) ___________ nicht so spät, mein Sohn!

6. (sind) ___________ Sie bitte doch nett!

   Manfred, ___________ bitte freundlich!

7. (fahren) Papa, ________ doch nicht so schnell!

   Bitte, ________ mit dem Bus, Jürgen und Max!

8. (sprechen) Herr Choi, ___________ Sie bitte langsam!

   Veronika, ___________ nicht so schnell!

9. (geben) __________ mir das Buch, Minho!

   _________ uns die Bücher, Anne und Lora!

10. (lesen) Ute! _________ doch mal die Zeitung!

    Miran und Hanna, _________ mal das Buch!

11. (sehen)   Miriam, ________ doch den Mann!

Markus und Dong-il, ________ bitte meinen Mantel!

12. (ausgehen)   Monika und Inge, ________ heute mal _____!

13. (mitkommen)   Dino, ________ doch ins Kino _____!

14. (haben)   Gerd, ________ keine Angst!

15. (nehmen)   Ingrid, ________ doch mal ein Taxi!

15 Was möchten Sie trinken?

Warum kommst du nicht mit?
봐룸 콤스트 두- 니히트 미트

Ich *muss* meine Hausaufgaben *machen*.
이히 무쓰 마이내 하우스아우프가-밴 막헌

Du *kannst* sie aber später *machen*.
두- 칸스트 지- 아-버 슈패-터 막헌

Nein, meine Mutter sagt, ich *soll* sofort nach Hause *kommen*.
나인 마이내 무터 작트 이히 졸 조포르트 낙흐 하우재 콤맨

Was *möchten* Sie *trinken*?
봐스 뫼히탠 지- 트링캔

Ich *möchte* einen Kaffee.
이히 뫼히태 아이낸 카페

Oh, Sie rauchen hier?
오, 지- 라욱헌 히어

Darf ich hier nicht *rauchen*?
다르프 이히 히어 니히트 라욱헌

Nein, es ist verboten.
나인 애스 이스트 패어보-탠

너 왜 같이 안 가니?
나는 숙제를 해야 해.
그렇지만 너 나중에 할 수 있잖아.
아니야, 어머니께서 나더러 즉시 집으로 오래.

무엇을 마시고 싶습니까?
저는 커피를 한 잔 하고 싶습니다.

어, 여기서 담배를 피우시네요?
여기서 담배 피우면 안 됩니까?
안 돼요, 그것은 금지된 걸요.

단어 익히기

- Warum 왜
  봐룸

- mitkommen 같이 가다
  미트콤맨

- müssen …해야만 한다
  뮤쌘

- die Hausaufgaben 숙제
  디   아우스아우프가-밴

- machen 하다
  막헌

meine Hausaufgaben machen 내 숙제를 하다

- kannst → können

- können 할 수 있다
  퀸낸

- aber 그러나, 그렇지만
  아-버

- später 나중에
  슈패-터

- sagen 말하다

- soll → sollen

- sollen …해야 한다(타인의 요구)…라고 한다(소문)
  졸랜

- sofort 즉시
  조포르트

- nach Hause 집으로
  낙흐   하우재

- kommen 오다
  콤맨

- Was 무엇
  봐스

- **möchten**
  뫼히탠
  …하고 싶다

- **der Kaffee**
  데어　카페
  커피

- **oh**
  오
  오(감탄사)

- **rauchen**
  라욱헌
  담배 피우다, 흡연하다

- **darf　→　dürfen**

- **dürfen**
  듀르팬
  …해도 된다(허락)

- **es**
  애스
  그것(인칭대명사)[앞문장 전체를 받는다]

- **verboten**
  패어보 – 탠
  금지된

문법 따라잡기

1. 화법조동사 형태

어떤 일에 대해 가능, 필연, 의지, 바람, 허락 등을 나타내는 보조동사.

	dürfen	können	möchten	müssen	sollen	wollen
ich	darf	kann	möchte	muss	soll	will
du	darfst	kannst	möchtest	musst	sollst	willst
Sie	dürfen	können	möchten	müssen	sollen	wollen
er/sie/es	darf	kann	möchte	muss	soll	will
wir	dürfen	können	möchten	müssen	sollen	wollen
ihr	dürft	könnt	möchtet	müsst	sollt	wollt
Sie	dürfen	können	möchten	müssen	sollen	wollen
sie	dürfen	können	möchte	müssen	sollen	wollen

* 화법조동사가 오면 일반동사는 문장 끝에 원형형태로 간다.

① Ich *spreche* ein bisschen Deutsch.　　나는 독일어를 조금 한다.

② Ich *kann* ein bisschen Deutsch *sprechen.*　나는 독일어를 조금
　　　　　　　　　　　　　　　　　　　　　　　구사할 수 있다.

2. 화법조동사의 쓰임

Darfst	du	heute ausgehen?	(허락)
Kannst			(가능)
Möchtest			(바람)
Musst			(필연)
Sollst			(당위)
Willst			(의지)

(1) durfen …해도 된다

Darf ich Sie *bitten?*　　　　　　　　부탁 좀 해도 됩니까?
다르프　이히　지 -　　비탠

Hier *darf* man nicht laut *sprechen.*　여기서는 큰 소리로 말하면
히어　다르프　만　니히트 라우트　슈프랫햔　안 된다.

Sie *dürfen* nicht *rauchen.*　　　　　담배 피우면 안 됩니다.
지 -　 듀르팬　니히트　　라욱헌

(2) können …할 수 있다

Ich *kann* Deutsch *sprechen.*　　　나는 독일어를 구사할 수 있다.
이히　칸　　도이취　　슈프랫햔

Hier *kann* man *telefonieren.*　　　여기서 전화할 수 있다.
히어　칸　　만　텔레포니어랜

Kannst du mir bitte *helfen?*　　　좀 도와줄래?
칸스트　두 -　미어 비태　햅팬

* *Kannst* du Englisch?　　　　　　　너 영어할 줄 아니?
　칸스트　두-　앵글리쉬

(일반동사를 사용하지 않아도 의미는 같다.)

(3) möchten …하고 싶다

Was *möchten* Sie *trinken?*　　　　무엇을 마시고 싶습니까?
봐스　　뫼히탠　지-　트링캔

Ich *möchte* dich zum Essen *einladen.*　나는 너를 식사에
이히　뫼히태　디히　춤　애쌘　아인라-댄　　초대하고 싶어.

* 원래 möchten은 일반동사 mögen(좋아하다)에서 파생된 것이다.

⦿ 비교

Ich *mag* Fisch nicht.　　　　　나는 생선을 좋아하지 않는다.
이히　막　횟쉬　니히트

Du *magst* Pizza.　　　　　　　너는 피자를 좋아한다.
두-　막스트　핏차

Er *mag* Pizza nicht.　　　　　그는 피자를 좋아하지 않는다.
애어　막　핏차　니히트

Mögen Sie Musik?　　　　　　음악을 좋아하십니까?
뫼-갠　지-　무직

* *Möchten* Sie Musik?　　　　　음악을 듣고 싶으세요?
뫼히탠　지-　무직

(일반동사 hören이 오지 않아도 의미는 같다.)

(4) müssen …해야 한다

Ich *muss* nach Haus *gehen.*　　난 집에 가야해.
이히　뭇스　낙흐　하우스　게-언

Du *musst* zum Arzt *gehen.*　　너는 의원에 가야해.
두-　무스트　춤　아르츠트　게-언

* Du *musst* zum Arzt.   너는 의원에 가야해.
두- 무스트 춤 아르츠트

(gehen이라는 동사가 오지 않아도 의미는 같다.)

(5) sollen ···해야 한다/···라고 한다

Was *soll* ich jetzt *machen*?   이제 무엇을 해야 합니까?
봐스 졸 이히 예츠트 막헌

Meine Mutter sagt, ich *soll* zu Haus *bleiben*.   어머니께서 나더러
마이내 무터 작트 이히 졸 추 아우스 블라이밴   집에 있으래.

Das Wetter dort *soll* sehr schön sein.   그곳 날씨는 아주 좋답니다.
다스 배터 도르트 졸 제-어 쇠-ㄴ 자인

* Das Wetter dort ist schön.   그곳 날씨는 아주 좋다.
  (ist의 원형동사는 sein이다.)

(6) wollen ···하려고 한다

Ich fahre nach Hamburg.   나는 함부르크에 간다.
이히 파-래 낙흐 함부르크

Ich *will* meine Freudin *besuchen*.   나는 (여자)친구를
이히 빌 마이내 프로인딘 배죽헌   방문하려고 한다.

Was *wollt* ihr heute Nachmittag *machen*?   너희들 오늘 오후에
봐스 볼트 이-어 호이태 낙흐미탁 막헌   뭐 할 거니?

Hanna *will* Medizin *studieren*.   한나는 의학을 전공
한나 빌 메디치-ㄴ 슈투디에랜   하려고 한다.

표현 따라하기 

1. 왜 안 하니?

Warum kommst du nicht mit?
봐룸　　콤스트　두-　니히트　미트
왜 같이 안 가니?

Warum stehst du nicht auf?
봐룸　　슈태-스트 두-　니히트　아우프
왜 안 일어서니?

Warum geht ihr nicht zur Schule?
봐룸　　게-트 이어　니히트 추어　　슐-래
너희들 왜 학교에 안 가니?

Warum isst du Fisch nicht?
봐룸　　이쓰트 두-　횟쉬　　니히트
너는 왜 생선을 안 먹니?

Warum fragen Sie mich nicht?
봐룸　　프라갠　　지-　밋히　　니히트
왜 저에게 물어보지 않습니까?

Warum fragst du ihn nicht?
봐룸　　프락스트 두-　이-ㄴ 니히트
왜 그에게 물어보지 않니?

2. …해야 해

Ich muss meine Hausaufgaben machen.
이히　무쓰　마이내　　하우스아우프가-밴　　막헌
나는 숙제를 해야 해.

Ich muss nach Haus gehen.
이히　무쓰　낙흐　하우스　게-언
난 집에 가야해.

Ich muss zum Arzt gehen.
이히　무쓰　춤　아르츠트 게-언
나는 의원에 가야해.

Ich muss meine Feunde abholen.
이히　무쓰　마이내　프로인대　압호-ㄹ랜
나는 친구들을 마중가야 해.

Ich muss arbeiten.
이히　무쓰　아르바이탠
나는 공부를 해야 해.

3. 할 수 있어

Du kannst es aber später machen.
두- 칸스트 애스 아-버 슈패터 막헌

그렇지만 나중에 할 수 있잖아.

Du kannst noch bleiben. Oder?
두- 칸스트 녹흐 블라이밴 오더

너는 좀 더 머물 수 있잖아.
안 그래?

Können Sie mir bitte helfen?
쾬낸 지- 미어 비태 핼팬

저 좀 도와줄 수 있습니까?

Kannst du mir bitte helfen?
칸스트 두- 미어 비태 핼팬

나 좀 도와줄 수 있니?

Hier *können* Sie Information *bekommen*.
히어 쾬낸 지- 인포마치온 배콤맨

여기서 정보를
얻을 수 있습니다.

Kannst du kommen?
칸스트 두- 콤맨

너 올 수 있니?

Ich kann leider nicht kommen.
이히 칸 라이더 니히트 콤맨

유감스럽게도 난 갈 수가 없어.

4. …하면 안 돼

Darf ich hier nicht rauchen?
다르프 이히 히어 니히트 라욱헌

여기서 담배 피우면 안되나요?

— Nein, Sie dürfen nicht.
나인 지- 듀르팬 니히트

아니오, 안 됩니다.

Darf ich Sie mal fragen?
다르프 이히 지- 마-ㄹ 프라-갠

질문 드려도 됩니까?

— Ja, bitte.
야 비태

예, 그러십시오.

— Nein, später.
나인 슈패-터

아니오, 나중에요.

Hier darf man nicht parken.
히어 다르프 만 니히트 파르캔

여기서 주차하면 안 됩니다.

Hier darf man nicht laut sprechen.
히어 다르프 만 니히트 라우트 슈프랫현

여기서 큰 소리로 말하면 안돼요.

Wann darf ich kommen?
봔 다르프 이히 콤맨

내가 언제 가면 되겠니?

5. …하래

Der Lehrer sagt, du sollst zu ihm kommen.
데어 레-러 작트 두- 졸스트 추 이-ㅁ 콤맨

선생님께서 너 오래.

Mama sagt, ich soll sofort nach Hause kommen.
나인 작트 이히 졸 조포르트 낙흐 하우재 콤맨

엄마가 나더러 즉시 집으로 오래요.

Der Arzt sagt, du sollst nicht rauchen.
데어 아르츠트 작트 두- 졸스트 니히트 라욱헌

의사선생님이 너 담배 피지 말래.

Der Arzt sagt, du sollst keinen Alkohol trinken.
데어 아르츠트 작트 두- 졸스트 카이낸 알코호ㄹ 트링캔

의사선생님이 너 술 마시면 안 된대.

Der Arzt sagt, du sollst viel Sport treiben.
데어 아르츠트 작트 두- 졸스트 피-ㄹ 슈포트 트라이밴

의사선생님이 너 운동 많이 하라셔.

6. …하고 싶다

Was möchten Sie trinken?
봐스 뫼히탠 지- 트링캔

무엇을 마시고 싶습니까?

Ich möchte einen Kaffee.
이히 뫼히태 아이낸 카페

나는 커피를 마시고 싶다.

Möchtest du auch einen Tee?
뫼히태스트 두- 아욱흐 아이낸 테-

너도 차 한 잔 마실래?

Ja, gern.
야- 개른

그래 좋아.

Was möchtest du trinken, Kaffee oder Tee?
봐스 뫼히태스트 두- 트링캔 카페 오더 테-

뭐 마실래, 커피 줄까 아니면 차?

Ich möchte lieber Tee.	나는 차를 마실래.
이히 뫼히태 리-버 테-	
Kaffee mag ich nicht.	나는 커피를 좋아하지 않아.
카페 막 이히 니히트	

* 두 가지 이상 중 한 가지를 고를 때는 gern의 비교급 lieber를 쓴다.

7. 벌써 …야

Es ist schon spät.	벌써 늦었는 걸.
애쓰 이스트 쇼-ㄴ 슈패-트	
Es ist schon 9 Uhr.	벌써 9시야.
애쓰 이스트 쇼-ㄴ 노인 우-어	
Es ist schon Freitag.	벌써 금요일이야.
애쓰 이스트 쇼-ㄴ 프라이타-ㄱ	
Es ist schon Frühling.	벌써 봄이구나.
애쓰 이스트 쇼-ㄴ 프륄-링	

문제 풀기

I. 다음 빈칸에 알맞은 화법조동사를 넣으시오.

ich						
du	darfst	kannst	möchtest	musst	sollst	willst
Sie	dürfen	können	möchten	müssen	sollen	wollen
er/sie/es						
wir	dürfen	können	möchten	müssen	sollen	wollen
ihr						
Sie	dürfen	können	möchten	müssen	sollen	wollen
sie	dürfen	können	möchte	müssen	sollen	wollen

1. Warum fährst du nach Hamburg?

   — Ich _______ meine Freundin besuchen. (will, kann, darf)

2. Es ist schon spät. Ich _____ jetzt nach Hause.

   (will, muss, möchte)

3. Der Arzt sagt, du ______ viel Sport treiben. (musst, sollst, willst)

4. _______ du noch eine Cola? (Möchtest, Magst, Musst)

5. Das _______ du nicht, das ist verboten. (kannst, sollst, darfst)

6. Was _______ ich jetzt machen? (möchte, soll, mag)

   — Sie müssen fleißig lernen.

7. _______ Sie Deutsch sprechen? (können, müssen, möchten)

   — Ja, aber nur ein bisschen.

8. Was ______ ihr heute Nachmittag machen? (könnt, wollt, dürft)

   — Wir wollen Fußball spielen.

9. Ich möchte eine CD. _______ du auch eine CD?

   (Möchtest, Musst, Kannst)

10. Morgen kommt mein Freund aus London.

    Ich _______ ihn abholen. (kann, mag, muss)

Ⅲ. 다음 괄호 안의 화법조동사를 알맞은 형태로 넣으시오.

1. _______ du wirklich schon gehen? (wollen)

   — Ja, ich muss meine Hausaufgaben machen.

2. _______ du Lehrer werden? (möchten)

   — Ich weiß noch nicht.

3. Wo _______ ich umsteigen? (müssen)

— In Düsseldorf bitte.

4. Wann _______ ihr zu mir kommen? (können)

— Um 7 Uhr.

5. _______ ich mal hier parken? (dürfen)

— Nein, Sie _______ hier nicht parken. (dürfen)

I.

ich	darf	kann	möchte	muss	soll	will
er/sie/es	darf	kann	möchte	muss	soll	will
ihr	dürft	könnt	möchtet	müsst	sollt	wollt

II.

1. will 2. muss   3. sollst   4. Möchtest   5. darfst

6. soll 7. Können 8. wollt   9. Möchtest   10. muss

III.

1. Willst   2. Möchtest   3. muss   4. könnt

5. Darf, dürfen

Hast du am Samstag Zeit?

Hast du am Samstag Zeit?
하스트 두- 암 잠스타-ㄱ 차이트

Ja, aber warum?
야, 아-버 봐룸

Da habe ich Geburtstag.
다- 하-배 이히 개부어츠타-ㄱ

Ich möchte dich zum Geburtstag einladen.
이히 뫼히태 디히 춤 개부어츠타-ㄱ 아인라-댄

Gratuliere!
그라툴리어래

Danke.
당캐

Um 7 Uhr abends machen wir eine Party.
움 지밴 우-어 아-벤츠 막헌 뷔어 아이내 파-티

Nach der Party gehen wir ins Kino.
낙흐 데어 파-티 게-언 뷔어 인스 키-노

Wunderbar, ich komme gern.
분더바- 이히 콤매 개른

너 토요일에 시간 있니?
응, 그런데 왜?
그 때가 내 생일이거든.
내가 너를 생일에 초대하고 싶어.
축하해.
고마워.
저녁 7시에 우리는 생일파티를 할 거야.
파티를 마친 다음 우리는 영화관에 갈 거야.
멋진데, 기꺼이 갈 게.

단어 익히기

- am → an
  암

- an   …에, …에서
  안

- der Samstag   토요일
  데어 잠스타-ㄱ

- die Zeit   시간
  디 차이트

- aber   그러나
  아-버

- warum   왜
  봐룸

- da   그 때에
  다-

- der Geburtstag   생일
  데어 개부어츠타-ㄱ

- gratulieren   축하하다
  그라툴리어랜

- abends   저녁에
  아-벤츠

- die Party   파티
  디 파-티

- nach   …후에

- gehen   가다
  게-언

- in   …로, …에
  인

- das Kino   영화관
  다스 키-노

- **wunderbar**
  분더바 -

  멋진, 놀라운

- **gern**
  게른

  기꺼이

문법 따라잡기 

1. 전치사 an

Hast du *am Samstag* Zeit? 너 토요일에 시간 있니?
하스트 두- 암 잠스타-ㄱ 차이트

Hast du *am Montag* Zeit? 너 월요일에 시간 있니?
하스트 두- 암 몬타-ㄱ 차이트

Am Sonntag gehen wir nicht zur Schule. 일요일에 우리는
암 존타-ㄱ 게-언 뷔어 니히트 추어 술-래 학교에 가지 않는다.

der Sonntag 일요일   am Sonntag = sonntags 일요일에
der Montag 월요일   am Montag = montags 월요일에
der Dienstag 화요일   am Dienstag = dienstags 화요일에
der Mittwoch 수요일   am Mittwoch = mittwochs 수요일에
der Donnerstag 목요일   am Donnerstag = donnerstags 목요일에
der Freitag 금요일   am Freitag = freitags 금요일에
der Samstag 토요일   am Samstag = samstags 토요일에
(= der Sonnabend   am Sonnabend = sonnabends)

* am Wochenende 주말에
　　Was machst du *am Wochenende?* 너는 주말에 무엇을 할 거니?

2. 하루의 때

der Morgen 아침   am Morgen = morgens 아침에

der Vormittag 오전   am Vormittag = vormittags 오전에

der Mittag 정오   am Mittag = mittags 정오에

der Nachmittag 오후   am Nachmittag = nachmittags 오후에

der Abend 저녁   am Abend = abends 저녁에

* die Nacht 밤   in der Nacht = nachts 밤중에

heute   오늘   heute Morgen 오늘 아침에

morgen   내일   morgen früh 내일 아침에

Montagnachmittag   월요일 오후(에)

Dienstagabend   화요일 저녁(에)

Es ist Montagabend.   월요일 저녁입니다.

* es는 시간을 나타내는 비인칭

Haben Sie *heute Nachmittag* etwas vor?   당신은 오늘 오후에 무슨 계획이 있습니까?
하밴   지-   호이태   낙흐미타-ㄱ   에트바스 포어

Ruf mich bitte *morgen früh* an!   내일 아침에 내게 전화해
루-프 밋히   비태   모르갠   프뤼 안

Kommen Sie heute Abend!   오늘 저녁에 오세요.

Komm doch morgen Vormittag!   내일 오전에 와라.

Komm doch (am) Sonntag!   일요일에 와라.

             Montag!   월요일에

             Dienstag!   화요일에

             Mittwochmittag!   수요일 정오에

Donnerstagnachmittag!	목요일 오후에
Freitagabend!	금요일 저녁에
Samstag!	토요일에

Ruf mich um eins (= ein Uhr) an!	1시에 나한테 전화해.
Ruf mich um zwei (= zwei Uhr) an!	2시에 나한테 전화해.
Rruf mich um halb sieben an!	6시 반에 나한테 전화해.
Ich komme gegen neun Uhr zu dir.	9시경에 너한테 갈께.

3. 전치사 in

(1) 시간(월, 계절은 남성명사이다)

im Frühling	봄에
im Sommer	여름에
im Herbst	가을에
im Winter	겨울에

Im Sommer fliege ich nach Deutschland.
임 좀머 플리개 이히 낙흐 도이췰란트
나는 여름에 독일에 갈 것이다.

Im Winter ist es nicht so kalt in Deutschland.
임 뷘터 이스트 애쓰 니히트 조- 칼트 인 도이췰란트
겨울에 독일은 그렇게 춥지 않다.

im Janurar 1월에	im Februar 2월에	im März 3월에
임 야누아르	임 패브루아	임 매르츠
im April 4월에	im Mai 5월에	im Juni 6월에
임 아프리-ㄹ	임 마이	임 유-니
im Juli 7월에	im August 8월에	im September 9월에
임 유-ㄹ리	임 아우구스트	임 젭탬버

im Oktober 10월에　　im November 11월에　　im Dezember 12월에
임　　옥토버　　　　　　임　　노벰버　　　　　　임　　데쳄버

(2) 장소 이동 표시 전치사

> an(…에, ‥앞에), auf(…에), in(‥로), neben(옆으로)
> unter(아래로), vor(…앞에), zwischen(사이에)

① 동작 동사와 함께 올 때 〈전치사+4격〉

Wir gehen *ins Kino*.
뷔어 게-언 인스 키-노
우리는 영화관에 간다.

Wir gehen *ins Theater*.
뷔어 게-언 인스 테아-터
우리는 극장에 간다.

Ich gehe *in die Buchhandlung*.
이히 게-애 인 디 부-흐한들룽
나는 서점에 간다.

Ich gehe *in den Supermarkt*.
이히 게-애 인 덴 주퍼마르크트
나는 수퍼마켓에 간다.

Ich gehe *auf die Post*.
이히 게-애 아우프 디 포스트
나는 우체국에 간다.

Ich gehe *auf die Bank*.
이히 게-애 아우프 디 방크
나는 은행에 간다.

Sie legt das Buch *auf den Tisch*.
지- 렉트 다스 북흐 아우프 덴 팃쉬
그녀가 그 책을 책상 위에 놓는다.

Gehen wir *ans Fenster*!
게-언 뷔어 안스 팬스터
창가로 가자.

Inge geht an die Tür.
잉에 게-트 안 디 튀-어
잉에가 문 앞으로 간다.

Fahren wir *ans Meer*!
파-랜 뷔어 안스 메-어
우리 바닷가로 가자.

Hangen Sie das Bild *an die Wand*!
행앤 지- 다스 빌트 안 디 봔트
그 그림을 벽에 걸어 놓으세요.

Er stellt die Stehlampe *neben den Tisch.*
에-어 슈탈트 디 슈테-람패　네-밴 덴 팃쉬

그가 스탠드를 책상 옆에 세워놓는다.

Stell dein Fahrrad nicht *vor die Tür* ab!
슈탈 다인 파-라트 니히트 포어 디 튀-어 앞

네 자전거를 문 앞에 세워놓지 마.

Stellen Sie den Teller *zwischen Tassen*!
슈탤린 지- 덴 텔러　츠빗샌　타쌘

그 접시를 잔들 사이에 놓으세요.

Der Hund läuft hinter das Haus.
데어 훈트 로이프트 힌터 다스 하우스

그 개가 집 뒤로 달려간다.

* ans = an das
　ins = in das의 축약형이다.

그러나 남성명사와 여성명사 그리고 복수명사 4격에서는 축약하지 않는다.

an den　　an die　　in den　in die

② 상태 동사와 함께 올 때 〈전치사+3격〉

Wir sehen einen Film *im Kino.*
뷔어 제-앤　아이낸 필름 임 키-노

우리는 영화관에서 영화를 한 편 본다.

Wir sind *im Theater.*
뷔어 진트 임　테아-터

우리는 극장에 있다.

Ich kaufe ein Buch *in der Buchhandlung.*
이히 카우패 아인 부-흐 인 데어　부-흐한들룽

나는 서점에서 책 한 권을 산다.

Meine Mutter kauft *im Supermarkt ein.*
마이내　무터 카우패 임　주퍼마르크트　아인

어머니께서는 수퍼마켓에서 장을 본다.

Ich bin jetzt *auf der Post.*
이히 빈 예츠트 아우프 데어 포스트

나는 지금 우체국에 있어.

Das Buch liegt *auf dem Tisch.*
다스 북흐 리-ㄱ트 아우프 뎀　팃쉬

그 책은 책상 위에 있다.

Wir sitzen *am Fenster*!
뷔어 지챈 암　팬스터

우리는 창가에 앉아 있다.

Inge steht *an der Tür.*
잉에 슈태-트 안 데어 튀-어

잉에가 문 앞에 서 있다.

Das Bild hängt *an der Wand.*   그림이 벽에 걸려있다.
다스 빌트 행트 안 데어 봔트

* 전치사 an은 사물이 아주 가까이 있는 것을 나타낸다.

Wir sitzen am Tisch.   우리는 테이블 앞에 앉아 있다.
뷔어 지챈 암 팃쉬

Er steht an der Tür.   그가 문 앞에 서 있다.

Er steht vor der Tür.   그가 문 앞에 서 있다.
(an은 vor보다 더 앞에 있다.)

* am = an dem
  im = in dem의 축약형이다.

그러나 여성명사나 복수명사의 경우 축약하지 않는다.

an der   an den   in der   in den

4. 3격지배 동사(gratulieren, wunschen)

Ich *gratuliere* (dir zum Geburtstag)!   생일 축하해.
이히 그라툴리어래 디어 춤 개부어츠타 - ㄱ

Ich *gratuliere* (dir zum Erfolg)!   좋은 성과 낸 것 축하해.
이히 그라툴리어래 디어 춤 에어폴크

Ich *wünsche* Ihnen eine gute Reise.   여행 잘 하고 오시기 바랍니다.
이히 분새 이 - 낸 아이내 구 - 태 라이재

Ich *wünsche* Ihnen viel Glück.   행운을 빕니다.
이히 분새 이 - 낸 피 - ㄹ 글뤽

표현 따라하기 

1. 토요일에 시간 있니?

Hast du am Samstag Zeit?
하스트 두- 암 잠스타-ㄱ 차이트
너 토요일에 시간 있니?

Hast du am Freitagnachmittag Zeit?
하스트 두- 암 프라이타-ㄱ낙흐미타-ㄱ 차이트
너 금요일 오후에 시간 있니?

Hast du heute Nachmittag Zeit?
하스트 두- 호이태 낙흐미타-ㄱ 차이트
너 오늘 오후에 시간 있니?

Hast du morgen Vormittag Zeit?
하스트 두- 모르갠 포어미타-ㄱ 차이트
너 내일 오전에 시간 있니?

Was machst du heute Abend?
봐스 막스트 두- 호이태 아-밴트
너 오늘 저녁에 뭐 할거니?

2. 왜 그러는데?

Ja, aber warum?
야, 아-버 봐룸
응, 그런데 왜 그래?

Warum denn?
봐룸 댄
왜 그러는데?

Was ist passiert?
봐스 이스트 파써어트
무슨 일이야?

Was ist los?
봐스 이스트 로쓰
무슨 일이야?

3. …에 초대하고 싶어

Ich möchte Sie zum Essen einladen.
이히 뫼히태 지- 춤 애쌘 아인라-댄
당신을 식사에 초대하고 싶습니다.

Ich möchte Sie zum Abendessen einladen.
이히　뫼히태　지-　춤　.아-밴트애쌘　아인라-댄

당신을 저녁식사에
초대하고 싶습니다.

Ich möchte Sie zum Geburtstag einladen.
이히　뫼히태　지-　춤　개부어츠타-ㄱ　아인라-댄

당신을 생일에 초대
하고 싶습니다.

Ich möchte Sie zum Kaffee einladen.
이히　뫼히태　지-　춤　카페　아인라-댄

당신께 커피 한 잔
사 드리고 싶습니다.

Ich möchte Sie auf ein Glas Bier einladen.
이히　뫼히태　지-　아우프　아인　글라스　비-어　아인라-댄

제가 맥주 한잔
사겠습니다.

Ich möchte dich ins Kino einladen.
이히　뫼히태　디히　인스　키-노　아인라-댄

너를 영화관으로
초대하고 싶어.

(＝너에게 영화 보여줄게.)

Ich möchte dich ins Restaurant einladen.
이히　뫼히태　디히　인스　레스토랑　아인라-댄

너를 음식점으로
초대하고 싶어.

Ich möchte dich zu uns einladen.
이히　뫼히태　디히　추　운스　아인라-댄

너를 우리 집에
초대하고 싶어.

4. …후에

nach der Party
낙흐　데어　피-티

파티가 끝난 다음에

nach der Schule
낙흐　데어　슐-래

방과 후에

nach dem Unterricht
낙흐　뎀　운터리히트

수업을 마친 후에

nach dem Essen
낙흐　뎀　애쌘

식사 후에

5. …을 바랍니다

Ich *wünsche* Ihnen eine gute Reise.
이히　뷘새　이-낸　아이내　구-태　라이재

여행 잘 하고 오시기
바랍니다.

Ich *wünsche* Ihnen viel Glück.
이히 　분새 　 이-낸 피-ㄹ 글뤽

행운을 빕니다.

Ich *wünsche* dir alles Gute.
이히 　분새 　 디-어 알래스 구-태

모든 일이 잘 되길 바래.

Ich *wünsche* dir gute Besserung.
이히 　분새 　 디-어 구-태 　배써룽

회복이 잘 되길 바란다.

6. …에 가다

Wir gehen *ins Kino.*
뷔어 게-언 인스 키-노

우리는 영화관에 간다.

Wir gehen *ins Theater.*
뷔어 게-언 인스 　테아-터

우리는 극장에 간다.

Wir gehen *ins Café.*
뷔어 게-언 인스 　까페

우리는 카페에 간다.

Ich gehe *in die Buchhandlung.*
이히 게-애 인 디 　부-흐한들룽

나는 서점에 간다.

Ich gehe *in den Supermarkt.*
이히 게-애 인 덴 　주퍼마르크트

나는 수퍼마켓에 간다.

Ich gehe *auf die Post.*
이히 게-애 아우프 디 포스트

나는 우체국에 간다.

7. …에 걸어라

Häng das Bild *an die Wand*!
행 다스 빌트 안 디 　봔트

그 그림을 벽에 걸어라.

Stell die Stehlampe *neben den Tisch*!
슈탤 디 슈테-람패 네-밴 덴 팃쉬

스탠드를 책상 옆에
세워놓아라.

Legen Sie das Buch *auf den Tisch*!
레-갠 지- 다스 북흐 아우프 덴 팃쉬

책을 책상 위에
놓으세요.

Legen Sie das Buch *ins Regal*!
레-갠 지- 다스 북흐 인스 레갈

책을 책장에
올려 놓으세요.

8. 어디 있니?

Wo bist du jetzt?
보- 비스트 두- 예츠트

너 지금 어디 있니?

— Ich bin jetzt *auf der* Post.
이히 빈 예츠트 아우프 데어 포스트

나는 지금 우체국에 있어.

Wo ist das Buch?
보- 이스트 다스 북흐

그 책 어디 있니?

— Das Buch liegt *auf dem Tisch.*
다스 북흐 리-ㄱ트 아우프 뎀 팃쉬

그 책은 책상 위에 있어.

Wo seid ihr denn?
보- 자이트 이-어 댄

너희들 어디 있는데?

— Wir sitzen *am Fenster!*
뷔어 지챈 암 팬스터

우리는 창가에 앉아있어.

Wo ist das Bild jetzt?
보- 이스트 다스 빌트 예츠트

그 그림은 이제 어디 있니?

— Das Bild hängt *an der Wand.*
다스 빌트 행트 안 데어 봔트

그 그림은 벽에 걸려있어.

9. 토요일에 와봐

Komm doch am Samstag!
콤 독흐 암 잠스타-ㄱ

토요일에 와라.

Kommen Sie doch bitte Montagnachmittag!
콤맨 지- 독흐 비태 몬타-ㄱ낙흐미탁

월요일에 오후에 오세요.

Machen wir am Wochenende eine Reise!
막헌 뷔어 암 복핸앤대 아이내 라이재

우리 주말에 여행가자.

Machen wir im Juli eine Reise!
막헌 뷔어 임 유-ㄹ리 아이내 라이재

우리 7월에 여행가자.

Machen wir im Sommer eine Reise!
막헌 뷔어 임 좀머 아이내 라이재

우리 여름에 여행가자.

10. 전화해

Ruf mich um eins (ein Uhr) an!
루-프 밋히 움 아인스(아인 우-어) 안

1시에 나한테 전화해.

Ich rufe dich heute Abend an!
이히 루-패 딧히 오이태 아-밴트 안

내가 너한테 오늘
저녁에 전화할게.

Wann darf ich dich anrufen?
봔 다르프 이히 딧히 안루-팬

언제 너한테 전화
걸면 되니?

Morgen früh rufe ich Sie wieder zurück.
모르갠 프뤼 루-패 이히 지- 비-더 추뤽

내일 아침에 다시
전화 드리겠습니다.

4 단계

문제 풀기

Ⅰ. 다음 빈칸에 알맞은 전치사를 넣으시오.

1. Hast du ______ Samstag Zeit?

2. Ich möchte dich ______ Geburtstag einladen.

3. ______ 7 Uhr abends machen wir eine Party.

4. Nach der Party gehen wir ______ Kino.

5. Ich gehe ______ die Post.

6. Was willst du ______ Sommer machen?

7. Was willst du ______ Wochenende machen?

8. Gehen wir mal ______ Fenster!

9. Bitte hägen Sie das Bild ______ die Wand!

10. ______ der Schule geht Anne sofort nach Haus.

Ⅱ. 알맞은 전치사를 골라 보기와 같이 문장을 완성하시오.

in auf an hinter vor

Die Post liegt neben der Bank.

1. Thomas *stellt* den Tisch _______ Fenster.

2. Das Bild *hängt* _______ Wand.

3. Julia *hängt* das Bild _______ Wand.

4. Julia geht _______ Kino.

5. Sie geht _______ Buchhandlung.

6. Meine Schwester arbeitet _______ Buchhandlung Adler.

7. Ich gehe ____ Café. Meine Freunde sizten schon ____ Fenster.

8. Bitte legen Sie die Tasche _______ Tisch!

9. Stell dein Fahrrad nicht _______ Tür ab!

10. Stellen Sie den Teller _______ Tassen!

정답

Ⅰ.

1. am 2. zum 3. Um(…시 에)/Gegen(경에) 4. ins

5. auf 6. im 7. am 8. ans 9. an 10. Nach

Ⅱ.

1. ans 2. an der 3. an die 4. ins 5. in die 6. in der

7. ins, am 8. auf den 또는 unter den

9. an die 또는 vor die 10. zwischen

17 Beeile dich doch!

Andreas, es ist schon spät.
안드레아스   애쓰 이스트 쇼-ㄴ 슈패-트

Die anderen warten auf uns am Hauptbahnhof.
디   안더랜   봐르탠   아우프 운스 암   하우프트바-ㄴ호프

Beeile dich doch!
배아일래   디히   독흐

Ja, warte mal. Ich muss mich rasieren.
야   바르태 마-ㄹ 이히   무쓰   밋히   라지에랜

Schon gut. Ich warte.
쇼-ㄴ   구-트 이히   바르태

[…]

Warum beeilst du dich denn nicht?
봐룸   배아일스트 두- 디히   댄   니히트

Ich muss mir die Zähne putzen.
이히   무쓰   미-어 디   채-내   푸챈

Wie bitte?
비-   비태

Entschuldige, ich muss mich nur noch waschen.
앤트슐디개   이히   무쓰   밋히   누어   녹흐   봐샌

안드레아스, 이미 시간이 늦었어.
다른 애들이 중앙역에서 우리를 기다리고 있어
좀 서둘러
그래, 기다려 봐 난 면도를 해야해
그래 좋아 알았어. 내가 기다리지.
[…]
너는 도대체 왜 서두르지 않는 거니?
나는 이를 닦아야해.
뭐라고?
미안해, 나는 이제 세수만 하면 돼.

단어 익히기 

- es
  애쓰
  (때를 나타내는 비인칭)

- schon
  쇼-ㄴ
  이미

- spät
  슈패-트
  늦은

- die anderen
  디   안더랜
  다른 사람들

- warten auf 4격
  봐르탠   아우프
  …를 기다리다

- uns
  운스
  우리를(wir의 4격)

- der Hauptbahnhof
  데어   하우프트바-ㄴ호프
  중앙역

- am → an

- an
  …에서

- beeilen sich
  배아일랜   짓히
  서두르다

- noch
  녹흐
  아직, 또, 좀 더

- warten
  바르탠
  기다리다

- mal
  마-ㄹ
  한 번, 좀

- rasieren sich
  라지에랜   짓히
  면도하다

- denn
  댄
  도대체

- die Zähne
  디   채-내
  이, 이빨(die Zahn의 복수형)

- putzen sich
  푸챈   짓히
  닦다

- wie bitte 　　　　　　　뭐라고요?
  비- 비태

- entschuldigen 　　　　　용서하다, 사과하다
  　앤트슐디갠

- nur 　　　　　　　　　　단지, …만, 오직
  누어

- waschen sich 　　　　　씻다
  　봐샌　　짓히

문법 따라잡기 

1.

der andere	다른 사람(남자)
die andere	다른 사람(여자)
die anderen	다른 사람들

Die anderen kommen gleich. 　　　　다른 사람들은 곧 올 겁니다.
디　안더랜　　콤맨　　글라이히

Der Mantel ist schön. 　　　　　　이 외투는 좋습니다.
데어　만탤　이스트　쇠-ㄴ

Aber ich möchte *die anderen* sehen. 　그러나 나는 다른 것들을
아-버 이히 뫼히태 디 안더랜 제-앤 　　보고 싶습니다.

Haben Sie *einen anderen*? 　　　　다른 외투를 갖고 있습니까?
하-밴 지- 아이낸 안더랜

Die Bluse gefällt mir nicht. 　　　　나는 이 블라우스가 맘에
디 블루-재 개팰트 미어 니히트 　　들지 않아요.

Bitte zeigen Sie mir *eine andere*! 　다른 것을 보여주십시오.
비태 차이갠 지- 미어 아이내 안더래

Wie finden Sie das Hemd hier? 　　이 셔츠는 어떻게 생각합니까?
비- 핀댄 지- 다스 햄트 히어

Es ist zu dunkel. 그것은 너무 칙칙합니다.
애스 이스트 추- 둥캘

Haben Sie *ein anderes* noch? 다른 것도 있습니까?
하-밴 지- 아인 안더래스 녹흐

	남성명사	중성명사	여성명사
1격	ein ander*er*	ein ander*es*	eine ander*e*
4격	einen ander*en*	ein ander*es*	eine ander*e*

* ander- 다른, 불특정관사＋형용사의어미는 특정관사의 어미를 따른다.

* 중성의 특정관사가 das인데 관사어미 –as 대신 -es가 온다.

2. 전치사구 목적어를 취하는 동사

warten auf 4격	…을(를) 기다리다
aufpassen auf 4격	…를 돌보다
danken 사람 3격 für 4격	– 에게 …에 대해 감사하다
denken an 4격	…을(를) 생각하다
erzählen von 3격	…에 대해 설명하다
halten A für B(4격)	A를 B로 간주하다

Wir *warten auf* dich. 우리가 너를 기다리고 있다.
뷔어 봐르탠 아우프 딧히

Wer *passt auf* die Kinder *auf*? 누가 그 아이들을 돌보고
베어 파스트 아우프 디 킨더 아우프 있습니까?

Ich *danke* Ihnen *für* die Einladung. 초대해 주셔서 감사합니다.
이히 당캐 이-낸 퓌어 디 아인라-둥

Denkst du *an* deine Schwester? 너는 언니/누나/동생을
뎅크스트 두- 안 다이내 슈베스터 생각하고 있니?

Erzählen Sie mal *von* Ihrer Reise!
애어챌랜　지-마-ㄹ　폰　이어러　라이재

여행한 것에 대해 설명 좀 해 주세요.

Ich *halte* den Film *für* sehr gut.
이히　활태　덴　필름　퓌어　제-어　구-트

나는 그 영화를 아주 좋다고 생각한다.

Er *hält* mich *für* seinen Freund.
애어　핼트　밋히　퓌어　자이낸　프로인트

그는 나를 자기 친구로 생각한다.

3. 재귀동사

타동사는 주어의 행위가 목적어에 영향을 주는데, 재귀동사는 주어의 행위가 자신에게 영향을 준다.

1) 타동사

Die Mutter wäscht die Tochter.
디　무터　뱃쉬트　디　토흐터

어머니가 딸을 씻긴다.

Die Mutter wäscht sie.
디　무터　뱃쉬트　지-

어머니가 그녀(=딸)를 씻긴다.

* sie는 die Tochter를 가리키는 인칭대명사 4격

2) 재귀동사

Die Mutter wäscht sich.
디　무터　뱃쉬트　짓히

어머니가 씻는다.(세수한다)

* sich는 die Mutter 자신을 가리키는 재귀대명사

Der Vater kauft ihm ein Handy.
데어　파-터　카우프트　이-ㅁ　아인　핸디

아버지가 그에게 핸드폰을 사준다.

Der Vater kauft sich ein Handy.
데어　파-터　카우프트　짓히　아인　핸디

아버지가 핸드폰을 산다.

* ihm과 der Vater는 동일인이 아니다.
  sich는 der Vater 자신이다.

3) 재귀대명사의 3격과 4격

ich	mir	wir	uns
	mich		uns
du	dir	ihr	euch
	dich		euch
Sie	sich	Sie	sich
	sich		sich
er/sie/es	sich	sie	sich
	sich		sich

* 1인칭(ich, wir)과 2인칭(du, ihr)의 재귀대명사 3격, 4격은 인칭대명사의 형태
  와 같다.
* 존칭 Sie와 3인칭의 재귀대명사는 sich이다.
* 문장에 목적어가 있으면 재귀대명사는 3격이 오고, 목적어가 없으면 재귀대명
  사는 4격이 온다.

Er kauft Renate ein Eis.   그가 레나테에게 아이스크림을 사준다.
애어 카우프트 레나테   아인 아이스

Er *kauft sich* ein Eis.   그가 (자신에게) 아이스크림을 산다.
애어 카우프트 싯히 아인 아이스

* 타동사의 행위가 자신에게 영향을 주는 것이다.

* Er kauft ein Eis.라는 문장을 보면 누구에게 주는 것인지 불확실하다.
  따라서 자신을 강조할 때는 재귀대명사를 쓴다.

Ich kaufe ihm Bonbons.   내가 그에게 사탕을 사준다.
이히 카우패 이 - ㅁ   봉봉스

Ich kaufe ihr Bonbons.   내가 그녀에게 사탕을 사준다.
이히 카우패 이 - ㅁ   봉봉스

Ich kaufe ihnen Bonbons.   내가 그들에게 사탕을 사준다.
이히 카우패 이 - 낸   봉봉스

Ich *kaufe mir* Bonbons.
이히 카우패 미-어 봉봉스

나는 (내가 먹으려고)
사탕을 산다.

Setzen Sie *sich* bitte ans Fenster!
재챈 지- 짓히 비태 안스 팬스터

창가에 앉으십시오.
[재귀동사]

Setzen Sie *das Kind* bitte ans Fenster!
재챈 지- 다스 킨트 비태 안스 팬스터

아이를 창가에 앉히십시오.
[타동사]

4) 재귀대명사의 3격과 4격의 쓰임

* 목적어가 있으면 3격이 오고, 목적어가 없으면 4격을 쓴다.

Ich *wasche mir* das Gesicht.
이히 봐셔 미-어 다스 개지히트

나는 세수를 한다.

Ich *wasche mich*.
이히 봐셔 밋히

나는 세수를 한다.

Ich *wasche mir* die Hände.
이히 봐셔 미-어 디 핸대

나는 손을 씻는다.

Ich *wasche mich*.
이히 봐셔 밋히

나는 씻는다.

Ich *wasche mir* die Haare.
이히 봐셔 미-어 디 하-래

나는 머리를 감는다.

Ich muss *mich rasieren*.
이히 무쓰 밋히 라지에랜

나는 면도를 해야 합니다.

Ich muss *mir* den Bart *rasieren*.
이히 무쓰 미-어 덴 바르트 라지에랜

나는 면도를 해야 합니다.

Rasierst du *dich* nicht?
라지어스트 두- 딧히 니히트

너는 면도를 안 하니?

Anne *kämmt sich* die Haare.
안네 캠트 짓히 디 하-래

안네는 머리를 빗는다.

Anne *kämmt sich*.
안네 캠트 짓히

안네는 머리를 빗는다.

Kämmst du *dir* die Haare?
캄스트 두- 디어 디 하-래

너 머리 빗니?

Kämmst du *dich*?
캄스트 두- 딧히

너 머리 빗니?

Emil *putzt sich* die Zähne.
에-밀 푸츠트 짓히 디 채-내

에밀은 이를 닦는다.

* Emil putzt sich.라고는 하지 않는다. 반드시 die Zähne를 넣어서 말한다.

Ich *ziehe mir* den Mantel *an*.
이히 치-애 미-어 덴 만탤 안

나는 외투를 입는다.

Zieh dich warm *an*!
치- 딧히 봐름 안

따뜻하게 옷 입어라.

Darf ich *mir* die Bluse *ansehen*?
다르프 이히 미-어 디 블루재 안제-앤

그 블라우스를 좀
구경해도 됩니까?

5) 항상 재귀대명사로만 사용하는 동사들

beeilen sich   서두르다

entschuldigen sich   사과히다

erholen sich   회복하다

erkälten sich   감기 걸리다

verspäten sich   지각하다

vorstellen sich   소개하다, 상상하다

Beeilen Sie *sich*!
베아일랜 지- 짓히

서두르십시오.

Beeile dich!
베아일래 딧히

서둘러.

Ich möchte *mich entschuldigen*.
이히 뫼히태 밋히 앤트슐-디갠

저는 사과드리고 싶습니다.

Ich möchte *mich* im Urlaub gut *erholen*.
이히　뫼히태　밋히　임　우어라웁　구-ㅌ 에어호-ㄹ랜

나는 휴가 중에
푹 쉬고 싶다.

Der Bus *verspätet sich* immer.
데어　부스　패어슈패-테트 짓히　임머

그 버스는 항상 늦는다.

Anne *verspätet sich* immer etwas.
안네　패어슈패-테트 짓히　임머　애트봐스

잉에는 항상 조금 지각한다.

Ich möchte *mich vorstellen*.
이히　뫼히태　밋히　포어슈탤른

저를 소개하고 싶습니다.

표현 따라하기

1. 다른 …

Die anderen kommen gleich.
디　안더랜　콤맨　글라이히

다른 사람들은 곧 올 겁니다.

Die anderen warten auf dich.
디　안더랜　봐르탠　아우프 딧히

다른 친구들이 너를
기다리고 있어.

Ich möchte *die anderen* sehen.
이히　뫼히태　디　안더랜　제-앤

나는 다른 것/사람들을
보고 싶습니다.

Haben Sie *einen anderen?*
하밴　지-　아이낸　안더랜

다른 것을 갖고 있습니까?

Haben Sie *eine andere?*
하밴　지-　아이내　안더래

다른 것을 갖고 있습니까?

Haben Sie *ein anderes?*
하밴　지-　아인　안더래스

다른 것을 갖고 있습니까?

Zeigen Sie mir *eine andere!*
차이갠　지-　미-어 아이내　안더래

다른 것을 보여주십시오.

Zeigen Sie mir *einen anderen*!
차이갠 지 - 미 - 어 아이낸 안더랜

다른 것을 보여주십시오.

Zeigen Sie mir *ein anderes*!
차이갠 지 - 미 - 어 아인 안더래스

다른 것을 보여주십시오.

2. …를 기다리다

Wir *warten auf* dich.
뷔어 봐르탠 아우프 딧히

우리가 너를 기다리고 있다.

Wo *wartest du auf* mich.
보 - 봐르태스트 두 - 아우프 밋히

너는 나를 어디서 기다리고 있니?

— Am Bahnhof.
암 바 - ㄴ호프

역에서 기다리는 거야.

— Im Café.
임 까페

까페에서 기다려.

— An der Bibliothek.
안 데어 비블리오텍

도서관 앞에서 기다려.

Ich warte auf meinen Kaffee.
이히 봐르태 아우프 마이낸 카페

나는 주문한 커피를 기다린다.

Ich warte auf den Bus.
이히 봐르태 아우프 덴 부스

나는 버스를 기다리는 중이야.

3. …을 돌보다

Wer *passt auf* die Kinder *auf*?
베어 파스트 아우프 디 킨더 아우프

누가 그 아이들을 돌봅니까?

Passen Sie mal bitte auf die Koffer auf?
파쌘 지 - 말 빗태 아우프 디 코퍼 아우프

이 트렁크들 좀 봐 주시겠습니까?

4. …해서 고마워

Ich *danke* Ihnen *für* die Einladung.
이히 당캐 이-낸 퓌어 디 아인라-둥

초대해주셔서 감사합니다.

Ich *danke* Ihnen *für* Ihre Hilfe.
이히 당캐 이-낸 퓌어 이어래 힐패

도와주셔서 감사합니다.

Ich *danke* dir *für* den Besuch.
이히 당캐 이-낸 퓌어 덴 배죽흐

찾아와주어서 고맙다.

Ich *danke* dir *für* die Antwort.
이히 당캐 이-낸 퓌어 디 안트보르트

답장해준 것 고마워.

5. …을 생각하다

Denkst du *an* deine Schwester?
뎅크스트 두- 안 다이내 슈베스터

언니/누나/동생을
생각하고 있니?

Denkst du *an* die Prüfung noch?
뎅크스트 두- 안 디 프뤼-풍 녹흐

너는 아직도 그 시험을
생각하니?

Denken Sie *an* unsere Verabredung?
뎅크스트 두- 안 운저래 패어압래-둥

우리 약속 잊지 않고 있지요?

6. …을 설명하다

Erzählen Sie mal *von* Ihrer Reise!
애어챌랜 지- 마-ㄹ 폰 이어러 라이재

여행한 것에 대해
설명 좀 해 주세요.

Erzählen Sie bitte *von* der Prüfung!
애어챌랜 지- 비태 폰 데어 프뤼-풍

시험에 대해 설명 좀
해 주세요.

Erzählen Sie bitte *von* der Untersuchung!
애어챌랜 지- 비태 폰 데어 운터주-ㄱ훙

진찰에 대해 설명 좀
해 주세요.

Erzähl doch mal *von* deiner Familie!
애어챌 독흐 마-ㄹ 폰 다이너 파밀리-에

너의 가족에 대해
얘기 좀 해줘.

7. …하다(재귀용법구분)

Die Mutter wäscht die Tochter.
디 무터 뱃쉬트 디 토흐터
어머니가 딸을 씻긴다.

Die Mutter wäscht sie.
디 무터 뱃쉬트 지-
어머니가 그녀(=딸)를 씻긴다.

Die Mutter wäscht sich.
디 무터 뱃쉬트 짓히
어머니가 씻는다.(세수한다)

Der Vater kauft ihm ein Handy.
데어 파-터 카우프트 이-ㅁ 아인 핸디
아버지가 그에게 핸드폰을 사준다.

Der Vater kauft sich ein Handy.
데어 파-터 카우프트 짓히 아인 핸디
아버지가 핸드폰을 산다.

4단계

문제 풀기

I. 다음 빈칸에 알맞은 재귀대명사를 넣으시오.

1. Beeilen Sie ______ bitte!

2. Anne wäscht ______ das Gesicht.

3. Ich wasche ______ das Gesicht.

4. Wäscht du ______ ?

5. Wäscht du ______ die Haare?

6. Ich kaufe ______ ein Buch.

7. Setzen Sie ______ bitte ans Fenster!

8. Ich kämme ______ die Haare.

9. Du musst ______ die Zähne putzen.

10. Darf ich ______ vorstellen?

Ⅱ. 다음 빈칸에 알맞은 전치사를 넣으시오.

1. Ich warte _______ den Bus.

2. Wir warten _______ dich.

3. Denken Sie _______ Ihre Familie?

4. Wer passt _______ die Kinder auf?

5. Ich danke Ihnen _______ die Einladung.

6. Erzählen Sie mal _______ Ihrer Reise!

7. Ich halte den Film _______ sehr gut.

Ⅲ. 다음 빈칸에 들어갈 알맞은 말을 고르시오.

1. ___________ kommen gleich.

　① Die anderen　② Der andere　③ Das andere

2. Der Computer gefällt mir nicht. Haben Sie ___________ ?

　① ein anderes　② einen anderen　③ eine andere

3. Die Bluse gefällt mir nicht. Bitte zeigen Sie mir ___________ !

　① ein anderes　② einen anderen　③ eine andere

4. Wie finden Sie das Hemd hier?

　— Es ist zu dunkel. Haben Sie ___________ noch?

　① ein anderes　② einen anderen　③ eine andere

정답

Ⅰ. 1. sich　2. sich　3. mir　4. dich　5. dir
　6. mir　7. sich　8. mir　9. dir　10. mich
Ⅱ. 1. auf　2. auf　3. an　4. auf　5. für
　6. von　7. für
Ⅲ. 1. ①　2. ②　3. ③　4. ①

Woran denkst du?

Wofür interessierst du dich?
보퓌-어　인터래씨어스트　두-　딧히

Ich interessiere mich für
이히　인터래씨어래　밋히　퓌어

Musik.
무직

Interessierst du dich auch
인터래씨어스트　두-　딧히　아욱흐

dafür?
다-퓌어

Nein, leider nicht.
나인　라이더　니히트

Woran denkst du?
보란　댕크스트　두-

Ich denke an meine Heimat.
이히　댕케　안　마이내　하이마트

Du *denkst daran* immer noch.
두-　댕크스트　다란　임머　녹흐

An wen denken Sie denn?
안　베-ㄴ　댕캔　지-　덴

Ich *denke an* meine Eltern.
이히　댕캐　안　마이내　엘테른

Sie *denken an sie* immer.
지-　댕캔　안　지-　임머

Ich *freue mich* schon *auf* die
이히　프로이애　밋히　쇼-ㄴ　아우프　디

Ferien.
페-리엔

Wie bitte? Worauf freuen Sie
비-　비태　보라-우프　프로이앤　지-

sich?
짓히

Auf die Ferien.
아우프　디　페-리엔

Ach so, darauf.
아흐　조　다라-우프

너는 무엇에 관심이 있니?
나는 음악에 관심이 있어.
너도 그것에 흥미가 있니?
아니야, 유감스럽게도 안 그래.

너는 무엇을 생각하고 있니?
나는 내 고향을 생각하고 있어.
넌 여전히 그것을 생각하는구나.

누구를 생각하고 있습니까?
저는 저의 부모님을 생각하고 있습니다.
항상 그분들을 생각하는군요.

저는 벌써 방학을 기대합니다.
뭐라고요? 무엇이 기대된다고요?
방학이요.
아 그렇군요. 그거요.

단어 익히기

- **interessieren sich für** 4격
  인터래씨어랜   짓히 퓌어
  …에 관심이/흥미가 있다

- **wo-**
  보
  무엇에

- **die Musik**
  디   무직
  음악

- **da-**
  다
  그것에 대해

- **leider**
  라이더
  유감스럽게도

- **denken an** 4격
  댕캔   안-
  …을 생각하다

- **die Heimat**
  디   하이마트
  고향

- **immer noch**
  임머   녹흐
  여전히

- *wen*
  베-ㄴ
  누구를

- **denn**
  덴
  (친절한 뉘앙스를 주는 말)

- **die Eltern**
  디   엘테른
  부모

- **immer**
  임머
  항상

- **freue sich auf** 4격
  프로이애   짓히 아우프
  …이 기대되다

- **schon**
  쇼-ㄴ
  벌써, 이미

- **die Ferien**
  디   페-리엔
  방학

- **ach**
  아흐
  (감탄사) 아

- **so**
  조
  그렇군요. 그렇게

문법 따라잡기

1. 재귀대명사+전치사 구문

ärgern sich über + 4격 …대해 화내다

Er ärgert sich über die Verspätung des Zuges. 그는 기차가
애어 애르거트 짓히 위-버 디 패어슈패-퉁 데스 추개스 연착되어 화났다.

erinnern sich an + 4격 …을 기억하다

Erinnern Sie sich noch an die Oper? 그 오페라 기억납니까?
에어린너른 지- 짓히 녹흐 안 디 오-퍼

freuen sich über + 4격 (과거/현재의 일을) 기뻐하다.

Wir freuen uns über die Party. 우리는 파티가 즐거웠습니다.
뷔어 프로이앤 운스 위-버 디 파-티

freuen sich auf + 4격 (미래의 일을) 기대하다.

Ich freue mich schon auf die Party. 나는 벌써 파티가 기대된다.
이히 프로이애 밋히 쇼-ㄴ 아우프 디 파-티

treffen sich mit + 3격 …와 만나다

Ich treffe mich mit meinen Freunden. 나는 친구들과 만난다.
이히 트래페 밋히 미트 마이낸 프로인트

unterhalten sich mit + 3격 …와 이야기를 나누다

Ich unterhalte mich mit meiner Mutter.
이히　　운터할태　　밋히　미트　마이너　무터

나는 어머니와
이야기를 나눈다.

unterhalten sich über + 4격

…에 대해 이야기하다

Wir unterhalten uns über den Film.
뷔어　　운터할탠　　운스 위-버 덴 필름

우리는 그 영화에 대해
이야기한다.

verlieben sich in + 4격

…와 사랑에 빠지다.

Er verliebt sich in Gaby.
애어 패어리-ㅂ트 짓히 인 가-비

그는 가비와 사랑에 빠졌다.

2. ⟨wo(r) + 전치사⟩와 ⟨da(r) + 전치사⟩

* 사람에 대해서는 ⟨전치사+사람⟩이 온다.

* 사람이 아닌 경우 ⟨wo(r)+전치사⟩가 온다. 이 때의 말을 다시 받으면
  ⟨da(r)+전치사⟩이다.

* 전치사의 첫 글자가 모음이면 wo - , da - 다음에 r를 넣는다.

Er fährt *mit* dem Bus.
애어 패-어트 밋트 뎀 부스

그는 버스를 타고 간다.

— *Womit* fährt er?
　　　보미트　　패-어트 애어

그는 무엇을 타고 갑니까?

Woran denken Sie bitte?
　보란　　 뎅캔　　지- 비태

무엇을 생각하나요?

— Ich denke *an* meine Heimat.
　이히　뎅캐　안　마이내　하이마트

나는 내 고향을 생각한다.

Daran denken Sie noch.
　다란　　 뎅캔　　지- 녹흐

아직도 고향을 생각하시는군요.

Ich freue mich *über* Ihren Anruf.
이히 프로이애　밋히　위-버 이러앤 안루-프

전화를 주셔서 기쁩니다.

— *Worüber* bitte?
　　보뤼-버　　비태

무엇이 기쁘다고요?

Worauf freust du dich?
보라-우프 프로이스트 두- 딧히

너는 무엇이 기대되니?

— Ich freue mich auf die Reise.
이히 프로이애 밋히 아우프 디 라이재

나는 여행을 기대하고 있어.

Ich danke Ihnen für Ihre Hilfe.
이히 당캐 이-낸 퓌어 이어래 힐패

도와주셔서 감사합니다.

— *Wofür* danken Sie?
보퓌-어 당캔 지-

무엇이 고맙다고요?

Für Ihre Hilfe.
퓌-어 이어래 힐패

— Dafür brauchen Sie nicht zu danken.
다퓌-어 브라욱헌 지- 니히트 추 당캔

그것을 고마워할
필요가 없습니다.

3. 전치사 + 사람

Ich telefoniere *mit* meinem Freund.
이히 테-ㄹ래포니어래 밋트 마이낸 프로인트

나는 친구와 전화를 한다.

Ich treffe mich *mit* meinen Freunden.
이히 트래패 밋히 밋트 마이낸 프로인트

나는 친구들과 만난다.

Sie denkt *an* ihren Vater.
지- 뎅크트 안 이어랜 파-터

그녀는 아버지를
생각하고 있다.

Meine Eltern arbeiten *für* mich.
마이내 앨터른 아르바이탠 퓌어 밋히

나의 부모님은 나를 위해
일하신다.

* 사람에게는 wo(r)+전치사 또는 da(r)+전치사를 사용하지 않는다.

Mit wem telefonierst du?
밋트 베-ㅁ 테-ㄹ래포니어스트 두-

너는 누구와 전화를 하니?

Mit wem triffst du dich, bitte?
밋트 베-ㅁ 트리프스트 두- 딧히 비태

너는 누구하고 만나니?

An wen denkt sie noch?
안 베-ㄴ 뎅크트 지- 녹흐

그녀는 또 누구를 생각합니까?

Für *wen* arbeiten Ihre Eltern?
뛰-어 베-ㄴ 아르바이탠 이어래 엘터른

당신 부모님은 누구를 위해 일하시죠?

표현 따라하기 

1. 누구하고

Mit wem fahren Sie?
미트 베-ㅁ 파-랜 지-

누구하고 갑니까?

Mit meiner Freundin.
미트 마이너 프로인 딘

제 (여자) 친구하고요.

Ach so, *mit ihr.*
아흐 조- 미트 이-어

아 그렇군요, 그녀하고 가는군요.

Mit wem spreche ich?
미트 베-ㅁ 슈프랫해 이히

전화하신 분 누구시지요?

Hier spricht Kangho Lee.
히어 슈프리히트 강호 리

저는 이강호입니다.

[전화통화에서는 이처럼 말한다]

Mit wem triffst du dich heute Nachmittag?
미트 베-ㅁ 트리프스트 두- 딧히 호이태 낙흐미타-ㄱ

너 오늘 오후에 누구하고 만나니?

Mit meiner Freundin Petra.
미트 마이너 프로인딘 페트라

내 친구 페트라를 만나.

Mit wem telefonierst du?
밋트 베-ㅁ 테-ㄹ래포니어스트 두-

너는 누구와 전화를 하니?

Mit Inge.
밋트 잉에

잉에하고 전화하는 중이야.

[Wen rust du an? 너 누구한테 전화하니? * anrufen은 4격지배동사]

2. 누구를…

An *wen* denken Sie?
안 베-ㄴ 뎅캔 지-

누구를 생각하세요?

An meinen Vater.
안 마이낸 파-터

저의 아버지를 생각중입니다.

An meine Mutter.
안 마이내 무터

저의 어머니를 생각하고 있어요.

Denken Sie *an Ihren Bruder*?
뎅캔 지- 안 이어랜 브루-더

당신의 동생/오빠/형을 생각하나요?

Nein, ich denke nicht an ihn.
나인 이히 뎅캐 니히트 안 이-ㄴ

아니오, 그를 생각하는 게 아닙니다.

Ja, ich denke gerade *an ihn*.
야- 이히 뎅캐 개라대 안 이-ㄴ

예, 방금 그를 생각하고 있어요.

Auf wen warten Sie?
아우프 베-ㄴ 봐르탠 지-

누구를 기다립니까?

Ich warte auf meine Freundin.
이히 봐르태 아우프 마이내 프로인딘

제 (여자) 친구를 기다립니다.

3. 무엇을…

Womit fahren Sie?
보미트 파-랜 지-

무엇을 타고 갑니까?

Mit dem Bus.
미트 뎀 부스

버스를 타고 갑니다.

Fahren Sie mit einem Taxi
파-랜 지- 미트 아이냄 탁시

택시를 타고 갑니까?

Nein, *damit* fahre ich nicht.
나인 다미트 파-래 이히 니히트

아니오, 그것을 타고 가지 않아요.

Woran denken Sie?
보란 · 뎅캔 지-

무엇을 생각하고 있습니까?

An meine Heimat.
안 마이내 하이마트

저의 고향을 생각하고
있습니다.

Daran denke ich auch.
다란 뎅캔 이히 밋히

저도 그 생각을 했습니다.

Wofür interessierst du dich?
보퓌-어 인터래씨어스트 두- 딧히

너는 무엇에 관심이 있니?

Ich interessiere mich für Musik.
이히 인터래씨어래 밋히 퓌-어 무직

나는 음악에 관심이 있어.

Dafür interessiere ich mich auch.
다퓌-어 인터래씨어래 이히 밋히 아욱흐

나도 그것에 흥미가 있어.

Worauf warten Sie?
보라-우프 봐르탠 지-

무엇을 기다립니까?

Auf den Bus Linie 7.
아우프 덴 부스 리니에 지-밴

7번 버스를 기다립니다.

4. 기대하다/즐거워하다

Worüber freuen Sie sich?
보뤼-버 프로이앤 지- 지히

당신은 무엇이 즐거운가요?

Ich freue mich über das Geschenk.
이히 프로이애 미히 위-버 다스 개쉥크

선물을 받아서 즐겁습니다.

Freuen Sie sich über den Brief?
프로이앤 지- 지히 위-버 덴 브리-프

그 편지를 받아 기쁜가요?

Ja, *darüber* freue ich mich sehr.
야 다뤼-버 프로이애 이히 미히 제-어

예, 아주 기쁩니다.

Freuen Sie sich auf die Ferien?
프로이앤 지- 지히 아우프 디 페-리앤

방학을 맞게 되어
즐거운가요?

Ja, *darauf* freue ich mich sehr.
야 다라-우프 프로이애 이히 미히 제-어

예, 아주 기대됩니다.

Worauf freuen Sie sich?
보라-우프 프로이앤 지- 지히

당신은 무엇을 기대합니까?

Ich freue mich auf den Urlaub.
이히 프로이애 미히 아우프 덴 우얼라웁

저는 휴가를 기대합니다.

5. 기억합니까?

Erinnern Sie *sich an* meine Eltern?
애어인너른 지- 지히 안 마이내 앨터른

저희 부모님 생각납니까?

Ja, ich erinnere mich noch *an sie.*
야- 이히 애어인너래 미히 녹흐 안 지-

예, 아직 그분들 기억이 납니다.

Erinnerst du *dich an* Rolland?
애어인너-스트 두- 디히 안 롤란트

너 롤란트 기억나니?

Nein, ich erinnere mich nicht *an ihn.*
나인 이히 애어인너래 미히 니히트 안 이-ㄴ

아니, 난 그가
기억나지 않아.

Ich erinnere mich an die Winterreise.
이히 애어인너래 미히 안 디 뷘라이재

나는 겨울 여행이
생각난다.

Daran möchte ich mich nicht erinnern.
다란 뫼히태 이히 미히 니히트 애어인너른

나는 그것을 기억하고
싶지 않아.

문제 풀기

I. 알맞은 재귀대명사를 넣으시오.

1. Erinnerst du _________ an meine Freundin?

2. Interessieren Sie _________ für Musik, Herr Weber?

3. Ich freue _________ über das Geschenk.

4. Herr Müller unterhält _________ mit seinen Freunden.

5. Mit wem triffst du _________ heute Nachmittag?

Ⅱ. [전치사+대명사]로 질문과 대답을 완성하시오.

1. _______ fährt Veronika nach Berlin?

— Sie fährt mit ihrem Bruder.

2. _______ fährt Veronika nach Berlin? — Sie fährt mit dem Zug.

3. Freust du dich auf die Reise? — Ja, ich freue mich _______ .

4. _______ denken Sie, Herr Park?

— Ich denke an meine Familie in Korea.

5. Ich denke oft an die Reise nach England.

— Wie bitte? _______ denkst du?

6. _______ trefft ihr euch?

— Wir treffen uns mit unsren Freunden.

7. _______ warten Sie jetzt? — Ich warte auf den Bus.

8. _______ warten Sie jetzt? — Ich warte auf meinen Freund.

9. _______ ärgerst du dich denn?

— Ich ärgere mich über die Verspätung des Zuges.

10. _______ interessieren Sie sich?

— Ich interessiere mich für Musik.

정답

Ⅰ. 1. dich 2. sich 3. mich 4. sich 5. dich

Ⅱ. 1. Mit wem 2. Womit 3. darauf 4. An wen

5. Woran 6. Mit wem 7. Worauf 8. Auf wen

9. Worüber 10. Wofür